新双双中文教材 3
New Chinese Language and Culture Course

中文课本 Chinese Textbook

第三册 Volume III

[美] 王双双 编著

北京大学出版社
PEKING UNIVERSITY PRESS

图书在版编目（CIP）数据

中文课本. 第3册 / 王双双编著. —2版.—北京：北京大学出版社，2015.5
（新双双中文教材）
ISBN 978-7-301-25729-6

Ⅰ.①中⋯　Ⅱ.①王⋯　Ⅲ.①汉语－对外汉语教学－教材　Ⅳ.①H195.4

中国版本图书馆CIP数据核字（2015）第084520号

书　　　　名	中文课本（第三册）（第二版）
著作责任者	[美]王双双　编著
责 任 编 辑	邓晓霞
标 准 书 号	ISBN 978-7-301-25729-6
出 版 发 行	北京大学出版社
地　　　　址	北京市海淀区成府路205号　100871
网　　　　址	http://www.pup.cn　新浪官方微博：@北京大学出版社
电 子 信 箱	zpup@pup.cn
电　　　　话	邮购部 62752015　发行部 62750672　编辑部 62767349
印 　刷　 者	河北博文科技印务有限公司
经 　销　 者	新华书店
	889毫米×1194毫米　16开本　21.5印张　175千字
	2005年11月第1版
	2015年5月第2版　2024年11月第8次印刷
定　　　　价	138.00元（含课本、练习本、识字卡、拼音卡、音频、手工书和一张CD-ROM光盘）

未经许可，不得以任何方式复制或抄袭本书之部分或全部内容。
版权所有，侵权必究
举报电话：010-62752024　电子信箱：fd@pup.pku.edu.cn
图书如有印装质量问题，请与出版部联系，电话：010-62756370

第二版序

能够与北京大学出版社合作出版"双双中文教材"的第二版，让这套优秀的对外汉语教材泽被更多的学生，加州中文教学研究中心备感荣幸。

这是一套洋溢着浓浓爱意的教材。作者的女儿在美国出生，到了识字年龄的时候，作者教她学习过市面上流行的多套中文教材，但都强烈地感觉到这些教材"水土不服"。一解女儿学习中文的燃眉之急，是作者编写这套教材的初衷和原动力。为了让没有中文环境的孩子能够喜欢学习中文，作者字斟句酌地编写课文；为了赋予孩子审美享受、引起他们的共鸣，作者特邀善画儿童创作了一幅幅稚气可爱的插图；为了加深孩子们对内容的理解，激发孩子们的学习热情，作者精心设计了充满创造性的互动活动。

这是一套承载着文化传承使命感的教材。语言不仅仅是文化的载体，更是文化重要的有机组成部分。学习一门外语的深层障碍往往根植于目标语言与母语间的文化差异。这种差异对于学习中文的西方学生尤为突出。这套教材的使用对象正处在好奇心和好胜心最强的年龄阶段，作者抓住了这一特点，变阻力为动力，一改过去削学生认知能力和智力水平之"足"以适词汇和语言知识之"履"的通病。教材在高年级部分，一个学期一个文化主题，以对博大精深的中国文化的探索激发学生的学习兴趣，使学生在学习语言的同时了解璀璨的中国文化。

"双双中文教材"自2005年面世以来，受到了老师、学生和家长的广泛欢迎。很多觉得中文学习枯燥无味而放弃的学生，因这套教材发现了学习中文的乐趣，又重新回到了中文课堂。本次修订，作者不仅吸纳了老师们对于初版的反馈意见和自己实际使用过程中的心得，还参考了近年对外汉语教学理论及实践方面的成果。语言学习部分由原来的九册改为五册，一学年学习一册，文化学习部分保持一个专题一册。相信修订后的"新双双中文教材"会更方便、实用，让更多学生受益。

张晓江
美国加州中文教学研究中心秘书长

第一版前言

"双双中文教材"是一套专门为海外青少年编写的中文课本,是我在美国八年的中文教学实践基础上编写成的。在介绍这套教材之前,请读一首小诗:

> 一双神奇的手,
> 推开一扇窗。
> 一条神奇的路,
> 通向灿烂的中华文化。

鲍凯文　鲍维江

鲍维江和鲍凯文姐弟俩是美国生美国长的孩子,也是我的学生。1998年冬,他们送给我的新年贺卡上的小诗,深深地打动了我的心。我把这首诗看成我文化教学的"回声"。我要传达给海外每位中文老师:我教给他们(学生)中国文化,他们思考了、接受了、回应了。这条路走通了!

语言是一种交流的工具,更是一种文化和一种生活方式,所以学习中文也就离不开中华文化的学习。汉字是一种古老的象形文字,她从远古走来,带有大量的文化信息,但学起来并不容易。使学生增强兴趣、减小难度,走出苦学汉字的怪圈,走进领悟中华文化的花园,是我编写这套教材的初衷。

学生不论大小,天生都有求知的欲望,都有欣赏文化美的追求。中华文化本身是魅力十足的。把这宏大而玄妙的文化,深入浅出地,有声有色地介绍出来,让这迷人的文化如涓涓细流,一点一滴地渗入学生们的心田,使学生们逐步体味中国文化,是我编写这套教材的目的。

为此我将汉字的学习放入文化介绍的流程之中同步进行,让同学们在学中国地理的同时,学习汉字;在学中国历史的同时,学习汉字;在学中国哲学的同时,学习汉字;在学中国科普文选的同时,学习汉字……

这样的一种中文学习,知识性强,趣味性强;老师易教,学生易学。当学生们合上书本时,他们的眼前是中国的大好河山,是中国五千年的历史和妙不可言的哲学思维,是奔腾的现代中国……

总之,他们了解了中华文化,就会探索这片土地,热爱这片土地,就会与中国结下情缘。

最后我要衷心地感谢所有热情支持和帮助我编写教材的老师、家长、学生、朋友和家人。特别是老同学唐玲教授、何茜老师和我女儿Uta Guo年复一年的鼎力相助。可以说这套教材是大家努力的结果。

王双双

课程设置（建议）

序号	书名	适用年级
1	中文课本　第一册	幼儿园/一年级
2	中文课本　第二册	二年级
3	中文课本　第三册	三年级
4	中文课本　第四册	四年级
5	中文课本　第五册	五年级
6	中国成语故事	六年级
7	中国地理常识	六年级
8	中国古代故事	七年级
9	中国神话传说	七年级
10	中国古代科学技术	八年级
11	中国民俗与民间艺术	八年级
12	中国文学欣赏	九年级
13	中国诗歌欣赏	九年级
14	中国古代哲学	十年级
15	中国历史	十年级

目录

声母韵母表 …………………………………… 1

第一课　韵母（一）……………………………… 2

第二课　声母（一）……………………………… 10

第三课　声母（二）……………………………… 16

第四课　声母（三）……………………………… 23

第五课　声母（四）……………………………… 28

第六课　复习（一）……………………………… 34

第七课　韵母（二）……………………………… 38

第八课　韵母（三）……………………………… 44

第九课　韵母（四）……………………………… 50

第十课　韵母（五）……………………………… 56

第十一课　复习（二）…………………………… 63

第十二课　坐井观天……………………………… 68

第十三课　时间…………………………………… 74

第十四课　小花猫找汗…………………………… 78

第十五课　东西要放在一定的地方 ………… 83

第十六课　岳飞学写字 ………………… 89

偏旁部首表（一）………………………… 95

第十七课　小兔和妈妈 ………………… 96

第十八课　狐狸和乌鸦 ………………… 102

第十九课　小猴借书 …………………… 107

第二十课　爬山 ………………………… 112

第二十一课　小蝌蚪找妈妈 …………… 116

第二十二课　海马爸爸 ………………… 121

偏旁部首表（二）………………………… 125

生字表（简）…………………………… 126

生字表（繁）…………………………… 128

生词表（简）…………………………… 130

生词表（繁）…………………………… 132

声母韵母表

| b | p | m | f | d | t | n | l |

g　　k　　h　　j　　q　　x

zh　　ch　　sh　　r

z　　c　　s　　(y　w)

a　　o　　e　　i　　u　　ü

ai　　ei　　ui　　ao　　ou　　iu

ie　　üe　　er

an　　en　　in　　un　　ün

ang　　eng　　ing　　ong

第一课

韵母（一）

a	o	e
i	u	ü

a   o   e

ā á ǎ à   ō ó ǒ ò   ē é ě è

a   o   e

马   窝   和

m-ǎ-mǎ   w-ō-wō   h-é-hé

第一课

i　　　　u　　　　ü

ī í ǐ ì　　　　ū ú ǔ ù　　　　ǖ ǘ ǚ ǜ

i　　u　　ü

弟　　　　木　　　　女
d-ì-dì　　m-ù-mù　　n-ǔ-nǔ

西—xī　　土—tǔ　　绿—lǜ

拼音规则一：
　　i 上标调，要把点去。

d—i—dī dí dǐ dì

3

bā　　dà　ā　　　ā　　　ā
嘴巴张大啊——啊——啊！
wā　　　　guā　　guā　　guā
青蛙唱歌，呱——呱——呱！

wō
蜗牛

wō　　　　　wō
小蜗牛，背着窝。
　　　　　guō guo
慢慢走，找蝈蝈。

注：读轻声的音节不标调，如"着"（zhe）。

第一课

é
鹅

é　　　　é
大白鹅，大白鹅。
　　　　　　gē
游游水，唱唱歌。

i

yī
一、二、三，
　　　　yī
三、二、一，
lí
香蕉、苹果、梨。

u

数一数(shǔ)(shǔ)

山上一只虎(hǔ)，
林中一只鹿(lù)，
路边(lù)一只猪(zhū)，
草里一只兔(tù)，
还有一只鼠(shǔ)。
一二三四五(wǔ)，
虎(hǔ)、鹿(lù)、猪(zhū)、兔(tù)、鼠(shǔ)。

第一课

小驴和小鱼
<small>lǘ　　　yú</small>

<small>lǘ　　lǘ　　　qù</small>
小驴小驴哪里去？
<small>qù　　　　yú</small>
我去河边找小鱼。
<small>　　　lǜ　lǜ</small>
河边青草绿又绿，
<small>　　　yú</small>
水里鱼儿做游戏。

声调符号

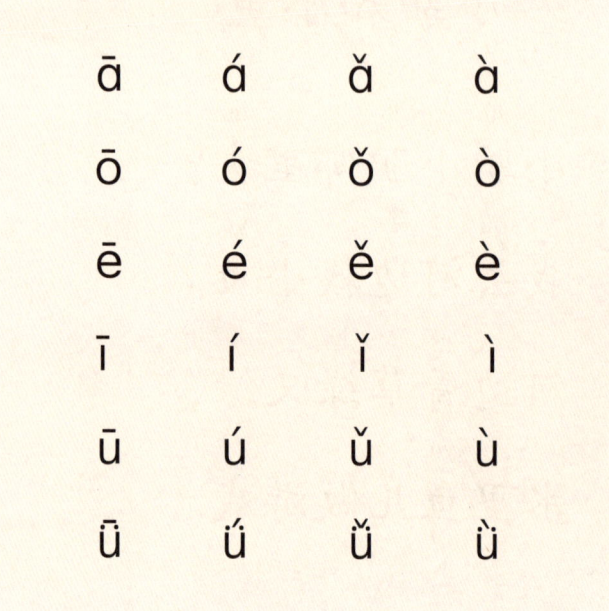

一声平着走，

二声上山坡，

三声拐个弯，

四声下山坡。

生词

wō 窝	nest	lù biān 路边	roadside
lí 梨	pear	lú 驴	donkey
hǔ 虎	tiger	zuò yóu xì 做游戏	play the game

听写

拼音

汉字

梨　路边　虎　*做游戏

注：*以后的字词为选做题，后同。

第二课

声母（一）

b	p	m	f
d	t	n	l

b p m f

爸　　　坡　　　妈　　　发
b-à-bà　p-ō-pō　m-ā-mā　f-à-fà

bā bá bǎ bà　　pō pó pǒ pò
mā má mǎ mà　　fā fá fǎ fà

八—bā 婆—pó 木—mù 发—fā
比—bǐ 爬—pá 米—mǐ 服—fú

d

t

n

l

d t n l

大　　　　土　　　　你　　　　乐
d-à-dà　　t-ǔ-tǔ　　n-ǐ-nǐ　　l-è-lè

dā dá dǎ dà　　tū tú tǔ tù
nī ní nǐ nì　　lē lé lě lè

弟—dì　　兔—tù　　那—nà　　了—le
地—dì　　他—tā　　女—nǔ　　里—lǐ

bō
波浪

pō
山坡

pō
小牛上山坡，
pō
小羊下山坡，
pō
牛羊满山坡。

mù mǎ
木马

mù mǎ
弟弟骑木马，
mā ma
大声叫妈妈，
mā ma　mā ma
妈妈，妈妈，
mù mǎ
看我骑木马！

第二课

fó
佛

fó　　fó
大佛，大佛，大耳朵。

眯眯眼，乐呵呵。

dài
袋鼠跳高

dé dì
青蛙跳高得第一，
dài
袋鼠娃娃不服气。

下回我和妈妈跳，
dé dì
两人一起得第一。

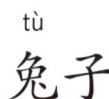

tù
兔子

nán
南瓜和西瓜

nán　　　nán
南瓜是南瓜。

西瓜是西瓜。

两个都是瓜，

它们不一家。

lè
快乐

lè
生日快乐！
lè
新年快乐！

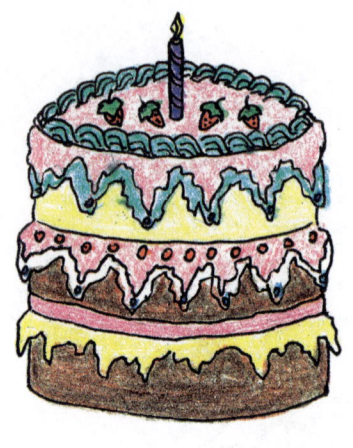

生词

pó po 婆婆	granny	dà fó 大佛	Buddha
mǎn 满	full	dài shǔ 袋鼠	kangaroo
shēng 声	voice	bù fú qì 不服气	not convinced

字和拼音连线

爸　mā　　八　dà　　木　mù　　你　nǐ

妈　bà　　大　bā　　土　tǔ　　乐　lè

听写

拼音

b p m f d t n l

tǔ dà mù nǐ lè

汉字

婆　满　声

第三课

声母（二）

g	k	h
j	q	x

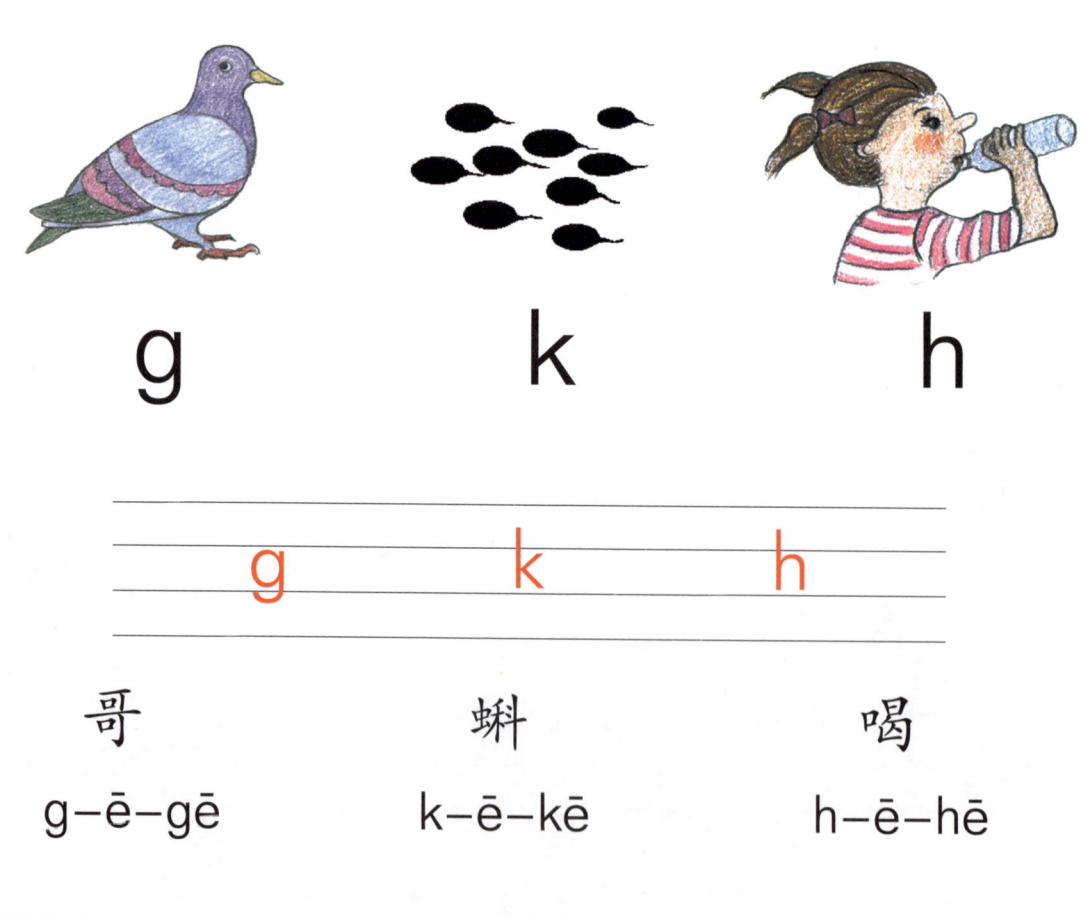

| g | k | h |

哥　　　　　　　蝌　　　　　　　喝

g-ē-gē　　　　k-ē-kē　　　　h-ē-hē

gē gé gě gè　　kē ké kě kè　　hē hé hè

鸽—gē   课—kè   河—hé
歌—gē   哭—kū   和—hé

j   q   x

j   q   x

鸡   七   西
j-ī-jī   q-ī-qī   x-ī-xī

jī jí jǐ jì   qī qí qǐ qì   xī xí xǐ xì

机—jī   气—qì   习—xí
季—jì   旗—qí   戏—xì

g

gē
唱歌

k

kē
蝌蚪

h

hé
三个和尚

hé　　　　hē
一个和尚挑水喝，
hé　　　　hē
两个和尚抬水喝，
hé　　　　hē
三个和尚没水喝。

公鸡(jī)

公鸡(jī)、公鸡(jī),多美丽。

大红冠子、花花衣。

气球(qì qiú)

红气球(qì qiú)、黄气球(qì qiú),

飞上天,做朋友。

大西瓜(xī)

西瓜(xī)大,西瓜(xī)圆,

吃到嘴里甜又甜。

拼音规则二：

　　小ü碰到 j、q、x，

　　去掉两点还念ü。

j—ü（u）— jū　jú　jǔ　jù

q—ü（u）— qū　qú　qǔ　qù

x—ü（u）— xū　xú　xǔ　xù

三连音

j-i-ā-jiā （家）

x-i-ā-xiā （虾）

读一读

我的家

我家有七口人：爷爷奶奶、爸爸妈妈、哥哥弟弟和我。爷爷是工人，奶奶是农民，爸爸是医生，妈妈是老师。哥哥是大学生，我和弟弟是小学生。晚上，爷爷奶奶看电视，爸爸妈妈看书，我和弟弟写作业。

生词

旗 qí	flag	农民 nóng mín	farmer
气球 qì qiú	balloon	医生 yī shēng	doctor
虾 xiā	shrimp	电视 diàn shì	TV
工人 gōng rén	worker		

字和拼音连线

哥　dì　　课　kē　　鸡　hé　　家　jiā

弟　gē　　蝌　xī　　河　jī　　花　huā

旗　qí　　西　kè　　七　qī　　虾　xiā

听写

拼音

g　k　h　j　q　x

gē　jī　qī　xī

汉字

工人　农民　医生　电视　*旗

第四课

声母（三）

| zh | ch | sh | r |

zh ch sh r

zh ch sh r

| 只 | 吃 | 十 | 日 |
| zhī | chī | shí | rì |

zhī zhí zhǐ zhì　　　chī chí chǐ chì
shī shí shǐ shì　　　rī rí rǐ rì

猪—zhū　　车—chē　　狮—shī　　人—rén
这—zhè　　出—chū　　书—shū　　入—rù

蜘蛛(zhī zhū)

小蜘蛛(zhī zhū)，没翅膀，
会拉丝，会织(zhī)网。

吃(chī)

小猫爱吃(chī)鱼，
小猴爱吃(chī)桃。
小鸟爱吃虫(chī chóng)，
小羊爱吃(chī)草。

shū
书包

shū
我的书包里，
shū
有书又有笔。
shang shū
背上小书包，
shàng
天天上学去。

rén rù
人和入

rén rén rù rù
人是人，入是入。
rén rù
人入不分小糊涂。

小朋友要记住，
rén rù
人进大门才是入。

王欣欣 画

读一读

我要长大

蝌蚪说:"我要长大。长大了,我是一只爱唱歌的青蛙。"

毛毛虫说:"我要长大。长大了,我要去找可爱的小花。"我也要长大,长大了,我要看看不同的国家。

Uta Guo 画

生词

shī zi 狮子	lion	rù 入	come in
zhī zhū 蜘蛛	spider	jì zhù 记住	keep in mind
lā sī 拉丝	spin the thread	guó jiā 国家	country, nation
zhī wǎng 织网	spin the cobweb		

读一读

织 zhī　　吃 chī　　狮 shī　　人 rén

只 zhī　　车 chē　　师 shī　　日 rì

听写

拼音

zhi　chi　shi　ri

zhī　chī　shī　rì

汉字

入　记住　国家　*织网

第五课

声母（四）

```
z   c   s
(y   w)
```

Z   C   S

z   c   s

字	次	丝
zì	cì	sī

zī zí zǐ zì   cī cí cǐ cì   sī sí sǐ sì

子—zǐ   词—cí   四—sì

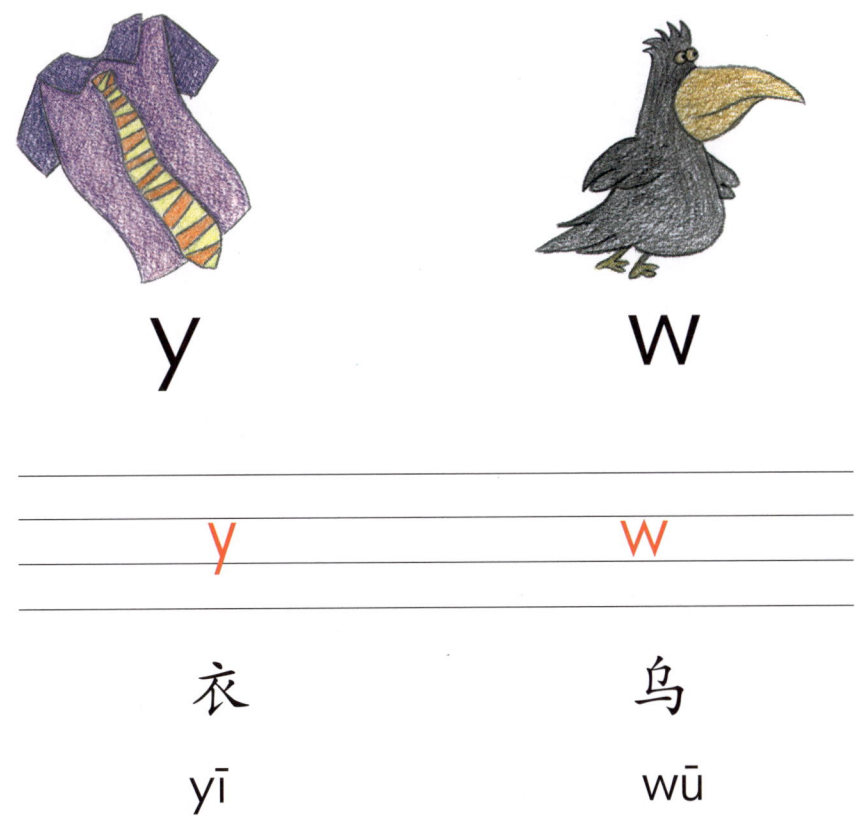

y   w

衣   乌
yī   wū

拼音规则三：

开头发音是i/u，

前面加或改y/w。

i—yī yí yǐ yì

u—wū wú wǔ wù

一—ī—yī   牙—iá—yá   也—iě—yě

五—ǔ—wǔ   娃—uá—wá   我—uǒ—wǒ

拼音规则四：
    开头发音是小ü，
    去掉两点加上y。

ü—yū yú yǔ yù

鱼—ú—yú   月—üè—yuè   云—ún—yún

Z

自(zì)己来

自(zì)己来，自(zì)己来，
自(zì)己起床坐(zuò)起来。
自(zì)己的衣服自(zì)己穿，
自(zì)己的帽子自(zì)己戴。
自(zì)己刷牙刷干净，
自(zì)己洗脸洗得白。
自(zì)己的事情自(zì)己做(zuò)，
人人说我好乖乖。

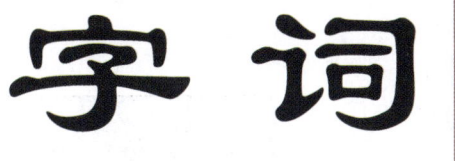

字词

十和四

四是四，

十是十。

十四是十四，

四十是四十。

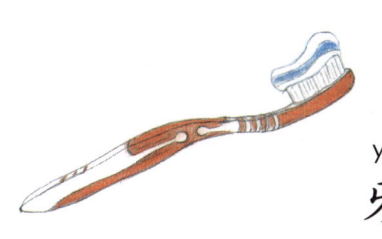
牙刷　乌鸦

小wū乌鸦

天上飞来小乌wū鸦,

回家看妈妈。

胡海梅 9岁 画

生词

cí 词	word	yá shuā 牙刷	toothbrush
zì jǐ 自己	oneself	xǐ 洗	wash
qǐ chuáng 起床	get up, get out of bed	wū yā 乌鸦	crow
chuān 穿	wear (clothes, trousers, etc.)		

读一读

自 zì　　次 cì　　丝 sī　　一 yī　　乌 wū

字 zì　　词 cí　　四 sì　　衣 yī　　五 wǔ

　　　　　　　　　　　　　　医 yī　　吴 wú

听写

拼音

z　c　s　y　w

zì　cí　sì　yī　wū

汉字

自己　起床　穿　洗　*牙刷

第六课

复习（一）

读一读，背一背

```
a    o    e    i    u    ü
b    p    m    f    d    t    n    l
g    k    h    j    q    x
zh   ch   sh   r
z    c    s    (y   w)
```

整体认读

```
zhi      chi      shi      ri
zi       ci       si
yi       wu       yu
```

比一比

zū—zhū   jǔ—nǔ   lù—lǜ

cū—chū   qù—lǜ   nǔ—nǚ

sú—shú   xǔ—nǚ   nǐ—lǐ

拼读练习

bā	bǎ	bà	pó	mā	mǎ	mù	mǐ	fā
八	把	爸	婆	妈	马	木	米	发
dà	dì	tā	tù	nà	nǐ	lā	le	
大	地	他	兔	那	你	拉	了	
gē	kè	hē	jī	qī	xī	jiā	xiā	
哥	课	喝	鸡	七	西	家	虾	
zhī	zhè	chī	chū	shí	shū	rì	rù	
只	这	吃	出	十	书	日	入	
zì	cí	sì	yī	yú	yá	wǔ	wá	
字	词	四	医	鱼	牙	五	娃	

shā fā	qì chē	xǐ yī jī	wū yā
沙发	汽车	洗衣机	乌鸦
yī fu	shī zi	zhī zhū	zì jǐ	xià yǔ
衣服	狮子	蜘蛛	自己	下雨

连 线

一只　　　　zhī zhū　　　　旗子　　　　yǔ yī

蜘蛛　　　　chū rù　　　　雨衣　　　　qí zi

出入　　　　yì zhī　　　　狮子　　　　shī zi

看字写拼音

爸____ 妈____ 爷____ 哥____ 弟____

大____ 米____ 发____ 婆____ 他____

土____ 那____ 你____ 了____ 课____

喝____ 鸡____ 西____ 家____ 虾____

只____ 这____ 吃____ 石____ 日____

字____ 词____ 医____ 鱼____ 牙____

也____ 娃____ 一____ 四____ 五____

七____ 十____ 汽车_____ 乌鸦_____

衣服_____ 自己_____ 下雨_____

看句子写拼音

1. 这是书。_____ 2. 那是笔。_____

3. 这是驴。_____ 4. 那是汽车。_____

5. 这是我家。_____ 6. 那是乌鸦。_____

拼音规则表

一	i 上标调,要把点去。	弟(dì)　梨(lí)
二	小 ü 碰到 j、q、x, 去掉两点还念 ü。	具(jù)　去(qù) 许(xǔ)
三	开头发音是 i/u, 前面加或改 y/w。	一(yī)　五(wū) 牙(yá)　娃(wá)
四	开头发音是小 ü, 去掉两点加上 y。	鱼(yú)　月(yuè)
五	有 a 在,把帽戴; a 不在,o、e 戴。 要是 i、u 一起来, 谁在后面谁来戴。	爱(ài)　猫(māo) 头(tóu)　飞(fēi) 六(liù)　回(huí)

＊拼音规则五,在本书第七课。

课堂活动

老师组织儿歌朗诵表演,学生可用1—5课学过的儿歌表演,最好每个同学都参加。

第七课

韵母（二）

ai	ei	ui
ao	ou	iu

ai　　　　　ei　　　　　ui

āi ái ǎi ài　　ēi éi ěi èi　　uī uí uǐ uì

ai　　　　　ei　　　　　ui

爱　　　　　飞　　　　　回
ài　　　　　f-ēi-fēi　　　h-uí-huí

来—lái　　　妹—mèi　　　水—shuǐ

菜—cài　　　黑—hēi　　　会—huì

 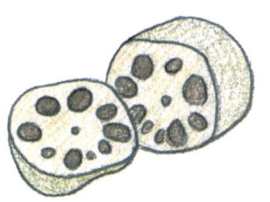 

ao　　　ou　　　iu

āo áo ǎo ào　　ōu óu ǒu òu　　iū iú iǔ iù

ao　　　ou　　　iu

猫　　　　头　　　　六

m–āo–māo　　t–óu–tóu　　l–iù–liù

好—hǎo　　狗—gǒu　　牛—niú

高—gāo　　手—shǒu　　球—qiú

拼音规则五：标调规则

有a在，把帽戴；a不在，o、e戴。

要是i、u一起来，谁在后面谁来戴。

ài（爱）　　tóu（头）　　liù（六）

māo（猫）　　fēi（飞）　　huí（回）

ai

我 ài爱水果,
也 ài爱青 cài菜。

吃水果,吃青 cài菜,
少生病,长得 kuài快。

ei

乌鸦说黑 hēi猪黑 hēi。
黑 hēi猪说乌鸦黑 hēi。
乌鸦落在猪身上,
谁也别说谁更黑 hēi。

魏宁　画

星星出，晚风吹(chuī)。

树林里，鸟儿睡(shuì)。

龟兔赛跑(pǎo)

龟兔赛跑(pǎo)，兔子骄傲(ào)。

乌龟出发，兔子睡觉(jiào)。

一觉(jiào)醒来，乌龟跑到(dào)。

兔子生气，没带闹表(nào biǎo)。

ou

<pre>
      gǒu
    小狗

gǒu   gǒu
小狗小狗,
      tou
爱吃骨头。
      tou
吃完骨头,
      kǒu
坐在门口。
</pre>

iu

<pre>
          niú
弟弟骑着牛,
          qiú
妹妹抱着球。
          qiú
弟弟要打球,
          niú
妹妹要骑牛。
</pre>

生词

shēng bìng 生病	fall ill	shuì jiào 睡觉	sleep
shuí 谁	who	shēng qì 生气	angry
wū guī 乌龟	tortoise	dài 带	take
chū fā 出发	set out	dǎ qiú 打球	play the ball

读一读

爱 ài　飞 fēi　吹 chuī　跑 pǎo　头 tóu　六 liù

来 lái　妹 mèi　水 shuǐ　好 hǎo　手 shǒu　球 qiú

听写

拼音

ai　ei　ui　ao　ou　iu

lái　fēi　shuí　pǎo　shǒu　qiú

汉字

生病　谁　睡觉　生气　带　*打球

第八课

韵母（三）

| ie | üe | er |

ie　　　**üe**　　　**er**

iē ié iě iè　　üē üé üě üè　　ēr ér ěr èr

ie　　　**üe**　　　**er**

| 叶 | 月 | 耳 |
| yè | yuè | ěr |

写—xiě　　学—xué　　二—èr
谢—xiè　　雪—xuě　　儿—ér

第八课

yè
叶子

yè
夏天树叶绿了，
yè
秋天树叶黄了，
yè
冬天树叶落了，
到了第二年春天，
yè
小树叶又长出来了。

üe

yuè
月亮走

yuè
月亮走，我也走，
yuè
我和月亮一起走。
yuè
月亮天上走，

我在地上走。

er

ěr
耳朵

ěr
兔子耳朵长，
ěr
小猫耳朵短，
ěr
大象的耳朵像把扇。

读一读

滑雪

我和爸爸喜欢滑雪。节日里我们一家去滑雪。爸爸穿着黑色的滑雪衣，戴着黑眼镜，看上去很酷！我穿着红色的滑雪衣，戴着红帽子，在雪地里很美。

爸爸飞快地从山上滑下去，我也学爸爸从山上滑下去。风在耳边呼呼地响，树从身边飞过……

中午，我们在咖啡厅休息，眼前是白雪、绿树和快乐滑雪的人们。

生词

huá xuě 滑雪	ski	mào zi 帽子	hat
jié rì 节日	festival	zhōng wǔ 中午	noon
yǎn jìng 眼镜	glasses	kā fēi tīng 咖啡厅	the coffee shop

读一读

谢 xiè　　学 xué　　耳 ěr

姐 jiě　　雪 xuě　　二 èr

节 jié　　月 yuè　　儿 ér

看词语写拼音

谢谢_____　　节日_____　　滑雪_____

儿子_____　　姐妹_____　　学校_____

听写

拼音

ie　üe　er

xuě　xiè　ěr　jié　yuè

汉字

节日　中午　眼镜　*帽子

画谜

（打一字）

第九课

韵母（四）

| an en in |
| un ün |

丁道敏 画
an

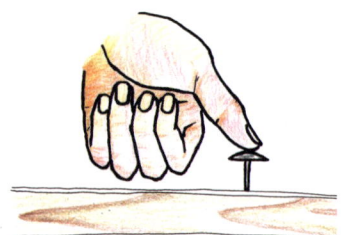
en

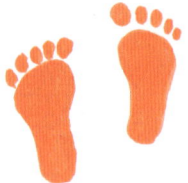
in

ān án ǎn àn   ēn én ěn èn   īn ín ǐn ìn

an   en   in

看　　　　　　门　　　　　　林
k-àn-kàn　　m-én-mén　　l-ín-lín

班—bān　　们—men　　音—yīn

蓝—lán　　本—běn　　信—xìn

曾洁莹 画

un　　　ün

ūn ún ǔn ùn　　　ǖn ǘn ǚn ǜn

un　　　ün

孙　　　云
s-ūn-sūn　　　yún

春—chūn

月亮

月亮_{yuán}圆，像个盘_{pán}。

有时月亮少一半_{bàn}，

半_{bàn}个月亮像只船_{chuán}。

门_{mén}口

四只小狗，排在门_{mén}口，

有先有后出了门_{mén}口。

第九课

yīn
音

yīn
拼音

yīn
音乐

sūn sun
小孙孙

sūn sun　　chūn chun
小孙孙，叫春春。

跟着奶奶学中文。

　　　　sūn
s–un–sun–孙，

w–en–wen–文。

53

ün

Uta Guo　画

yún
云

yún
白云飞飞，
yún
白云像小鱼。
yún
白云飞飞，
yún
白云像小鸟。

生词

pán 盘	plate	pīn yīn 拼音	phoneticize
pái 排	row; line up	yīn yuè 音乐	music
xiān 先	before	sūn 孙	grandson

看词语写拼音

盘子_____   大门_____   拼音_____

人们_____   孙子_____   书本_____

树林_____   白云_____   半个_____

读一读

盘 pán   门 mén   音 yīn   云 yún

蓝 lán   本 běn   信 xìn   春 chūn

看 kàn   人 rén   林 lín   孙 sūn

听写

拼音

an   en   in   un   ün

pán   mén   lín   yún   sūn

汉字

盘   先   孙   音乐   *拼音

第十课

韵母（五）

| ang | eng |
| ing | ong |

ang

eng

āng áng ǎng àng　ēng éng ěng èng

ang　　　eng

长　　　　　　　风
ch-áng-cháng　　f-ēng-fēng

堂—táng　　　灯—dēng
上—shàng　　梦—mèng
场—chǎng

ing

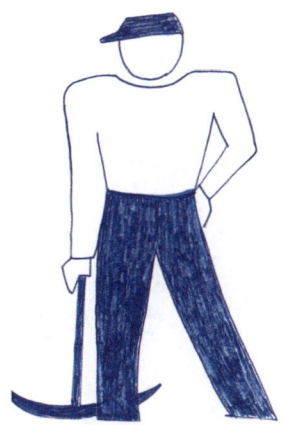

ong

īng íng ǐng ìng　　ōng óng ǒng òng

ing　　ong

英
yīng

红
h-óng-hóng

晶—jīng　　　中—zhōng
清—qīng　　　同—tóng
睛—jīng　　　笼—lóng

ang

打雪仗(zhàng)

王欣欣

铃声响(xiǎng)，
出课堂(táng)，
大家都来打雪仗(zhàng)。

雪球天上飞，
笑声满操场(chǎng)。

曾洁莹 画

第十课

mèng
梦

mèng
花的梦是红的，
mèng
海的梦是蓝的，
mèng
小树的梦是绿的，
mèng
弟弟的梦是甜的。

xīng xing
星星

xīng xing　　jīng jīng
天上星星亮晶晶，
xīng xing　　　　jing
星星好像眨眼睛，
qīng
让你数也数不清。

ong

过新年

大灯笼(long)，红(hóng)又红(hóng)。

过新年，挂家中(zhōng)。

三连音

x-i-àng-xiàng（象）

ch-u-áng-chuáng（床）

h-u-áng-huáng（黄）

生词

yīng wén 英文	English	cāo chǎng 操场	playgroud
líng 铃	bell	mèng 梦	dream
kè táng 课堂	classroom	hǎi 海	sea
dǎ xuě zhàng 打雪仗	have a snowball fight	dēng 灯	lamp

看字词写拼音

课堂_____   英文_____   梦_____

红灯_____   操场_____   风_____

眼睛_____   中文_____   仗_____

读一读

堂 táng   灯 dēng   英 yīng   红 hóng

场 chǎng   梦 mèng   睛 jīng   中 zhōng

听写

拼音

ang　eng　ing　ong

táng　dēng　xīng　yīng　lóng

汉字

英文　梦　海　灯　＊操场

谜语

shǒu biān yǒu sān kǒu
手边有三口，
mù zì zài xià tou
木字在下头。

（打一字）

第十一课

复习（二）

声母

b p m f d t n l
g k h j q x
zh ch sh r z c s
（y w）

韵母

a o e i u ü

ai ei ui ao ou iu ie üe er

an en in un ün

ang eng ing ong

整体认读

zhi chi shi ri zi ci si

yi wu yu

ye yue yin yun yuan ying

拼读练习

ài	lái	mèi	fēi	huí	shuǐ
爱	来	妹	飞	回	水
māo	hǎo	tóu	shǒu	liù	niú
猫	好	头	手	六	牛
yè	xiě	yuè	xué	ěr	èr
叶	写	月	学	耳	二
kàn	bān	mén	běn	yīn	
看	班	门	本	音	
chūn	sūn	yún			
春	孙	云			
cháng	chǎng	fēng	dēng	yīng	xīng
长	场	风	灯	英	星
hóng	zhōng				
红	中				

附加练习

j-ü-an-juan（卷）

q-ü-an-quan（全）

x-ü-an-xuan（选）

看字写拼音

爱____ 美____ 高____ 狗____ 牛____

叶____ 谢____ 雪____ 二____ 儿____

蓝____ 班____ 很____ 林____ 音____

长____ 灯____ 清____ 上____ 同____

看词语写拼音

课堂（　　　）　上学　（　　　）　星星（　　　）

姐姐（　　　）　星期日（　　　）　春天（　　　）

打球（　　　）　写字　（　　　）　电灯（　　　）

黄牛（　　　）　中文　（　　　）　灯笼（　　　）

选词填空

　　　　　玩水　　回家　　黑色

　　　　　高山　　小狗　　儿子

huí jiā　　（　　　）　　ér zi　　（　　　）

xiǎo gǒu　（　　　）　　wán shuǐ （　　　）

gāo shān　（　　　）　　hēi sè　　（　　　）

乌龟　月亮　耳朵　象

一半　门口　白云　床

yuè liang （　　　）　　　mén kǒu （　　　）

bái yún　（　　　）　　　yí bàn　（　　　）

wū guī　（　　　）　　　ěr duo　（　　　）

xiàng　　（　　　）　　　chuáng　（　　　）

看句子写拼音

1. 天上飞来小乌鸦。_____

2. 妈妈洗衣服。_____

3. 我的名字叫吴大龙。_____
_____

4. 春天来了，花儿开了。_____
_____

5. 我天天上学。_____

6. 姐姐和我在一个学校。_____
_____

读一读

唐僧取经

唐僧骑马咚那个咚,后面跟着个孙悟空。

孙悟空,跑得快,后面跟着个猪八戒。

猪八戒,鼻子长,后面跟着个沙和尚。

沙和尚,挑行李,后面来了个老妖怪。

老妖怪,花样多,骗了唐僧和八戒。

唐僧八戒上了当,多亏悟空眼睛亮。

眼睛亮,冒金光,高高举起金箍棒。

金箍棒,有力量,妖魔鬼怪消灭光。

第十二课

坐井观天

一只青蛙坐在井里,一只小鸟飞来,落在井边。青蛙问小鸟:"你从哪儿来呀?"小鸟说:"我从天上来。我飞了一百多里,口渴了,下来找点儿水喝。"

青蛙说:"朋友,别说大话了!天不过井口那么大,还用飞那么远吗?"

小鸟说:"你错了,天无边无际,大得很呀!就是飞一千里、一万里也飞不到天边。"青蛙笑了,说:"朋友,我天天坐在井里,一抬头就看见天。我不会错的。"

小鸟也笑了，说："朋友，你是错了。不信，你跳出井口来看一看吧！"

生词

jǐng 井	well	cuò 错	wrong
guān 观	watch	wú biān wú jì 无边无际	boundless
bǎi 百	hundred	qiān 千	thousand
kǒu kě 口渴	thirsty	wàn 万	ten thousand
zhǎo 找	looking for	tái tóu 抬头	look up
bié 别	don't		

听写

坐井观天　百　千　万　抬头　口渴　找

＊错　别

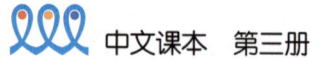

你从哪儿来?

我从中国来。

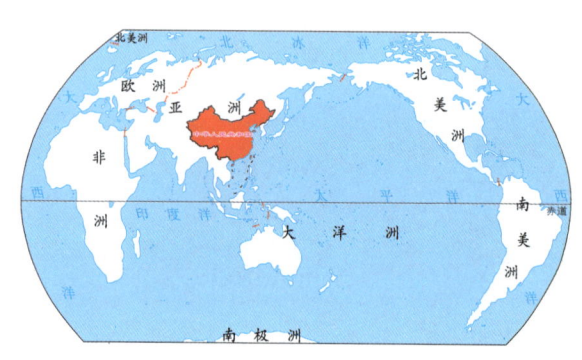

比一比

里 { 井里
　　一百里

信 { 写信
　　不信

{ 渴（口渴）
　喝（喝水）

{ 天（蓝天）
　无（无边无际）

{ 我（我们）
　找（找水）

{ 哪（哪儿）
　那（那里）

回答问题

青蛙和小鸟谁说得对？为什么？

数的单位

个	十	百	千	万
1	10	100	1,000	10,000

偏旁部首

氵 —— 三点水　河　海　渴　洞

木 —— 木字旁　林　树　桃

三点水彩图	三点水	木字旁彩图	木字旁
氵	氵	🌳	木

 儿歌

聪明的公鸡

公鸡，公鸡，前面走，

灰狼(láng)，灰狼，跟在后。

灰狼问："花公鸡，你去哪儿？"

公鸡说："我呀，我去看朋友。"

灰狼说："我们两个一起走。"

公鸡说："不是两个是三个，

后面还有一只狗！"

灰狼吓得直发抖(dǒu)，马上就逃(táo)走。

判断对错

1. 狼想要和公鸡做朋友。　　　___对___错

2. 公鸡想让狗吃掉狼。　　　___对___错

3. 公鸡很聪明，想办法把狼吓跑了。___对___错

画谜

（打一字）

第十三课

时间

小鸟问妈妈:"时间在哪儿?

怎么看不见它,也摸不到它?"

鸟妈妈回答说:"太阳升起又落下,

月亮出来又回家,一天过去了。

冬天走了,春天来了,

夏虫叫了,秋叶落了,

一年过去了。

Uta Guo 画

日出，日落，

昨天，今天，明天；

春、夏、秋、冬，

去年，今年，明年。

谁在不停地走？

是时间。"

生词

shí jiān 时间	time	guò qù 过去	past by
zěn me 怎么	how	zuó tiān 昨天	yesterday
mō dào 摸到	touch	míng tiān 明天	tomorrow
huí dá 回答	answer	qù nián 去年	last year
shēng qǐ 升起	rise	míng nián 明年	next year

听写

时间　怎么　回答　升起　昨天　明天

学说话

今天几号？

今天是6月30号（日）。

比一比

间 { 时间　房间

过 { 过马路　过去

天 { 天天　雨天　雪天

年 { 新年　过年　一年级

| 昨天 | → | 今天 | → | 明天 |

| 去年 | → | 今年 | → | 明年 |

偏旁部首

日 —— 日字旁　时　昨　明

扌 —— 提手旁　抱　拉　抬　打

提手旁的演变

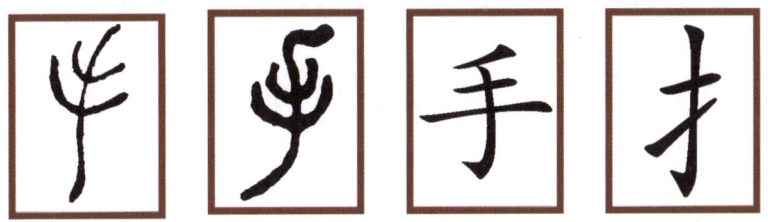

读一读

昨天母(mǔ)鸡生了一个蛋(dàn),

今天母鸡又生了一个蛋,

明天母鸡还会生一个蛋。

母鸡三天生三个蛋。

小朋友想一想,对吗?

莫俊佳 画

第十四课

小花猫找汗

小花猫看见人会出汗，心想：我怎么没有汗呢？它去问老牛。老牛指指自己鼻子上的汗，说："汗么，在鼻子上！"小花猫摸摸自己的鼻子，没有汗！

它又去问小马，小马指指自己的身体，说："汗么，在身上！"小花猫看看自己身上，没有汗！

它又去问黄狗，黄狗正在大树下，伸着舌头。它指指自己的舌头，说："汗么，在舌头上！"

小花猫看不到自己的舌头，就请小猪帮着看看。小猪笑着说："你又不是狗，汗怎么会在舌头上！"小猪翻开自己的脚掌，又叫小花猫把脚掌翻开。它们两个都笑了："哈！原来我们的汗在这里！"

生词

chū hàn 出汗	sweat	bāng 帮	help
zhǐ 指	point	fān kāi 翻开	turn over
shēn tǐ 身体	body	jiǎo zhǎng 脚掌	sole of the foot
zhèng zài 正在	in process of	hā 哈	ha
shēn 伸	stretch; stick out	yuán lái 原来	turn out to be

听写

出汗　身体　正在　伸着　帮着　脚

＊原来

学说话

请帮我一下！

词语运用

正在

① 我回家的时候，姐姐正在打电话。

② 我走进教室时，小明正在唱歌。

③ 我去看奶奶时，她正在睡觉。

帮着

① 下雨了，小明帮着弟弟打雨伞。

② 星期日，我帮着妈妈洗衣服。

原来

① 小花猫不吃也不喝，原来是病了。

② 小弟弟不跟我说话，原来是生气了。

回答问题

1. 人的舌头出汗吗？　　2. 人的身体出汗吗？

3. 人的脚掌出汗吗？　　4. 人的眼睛出汗吗？

偏旁部首

艹 —— 草字头　草　花　落　英

亻 —— 单人旁　你　们　体　信　住

讠 —— 言字旁　说　话　请

草字头彩图	草字头	单人旁彩图	单人旁
🌱🌱	艹	𠂊	亻

中文课本 第三册

儿歌

春节到

春节到，放鞭炮（pào），
舞（wǔ）龙舞狮真热闹（rè nao）。
穿新衣，戴（dài）新帽，
孩（hái）子得了大红包，
全家一起哈哈笑。

骆敏　10岁　画

第十五课

东西要放在一定的地方

早上,小明一起床,就到处找东西。他的衣服,一件在床上,一件在桌子上。他的鞋,一只在椅子前,一只在椅子下。袜子也是东一只西一只。

小明把上衣和裤子穿好,又去找书包。书包在地上。等小明把书和笔都放进书包,再去上学,他迟到了。

小明走进教室，同学们看见他，都哈哈大笑。原来，他左脚上的袜子是黄的，右脚上的袜子是蓝的。小明的脸红了。

（根据凌可人的文章改编）

生词

yí dìng 一定	certain	yǐ zi 椅子	chair
dào chù 到处	everywhere	wà zi 袜子	sock
jiàn 件	measure word (of clothes)	kù zi 裤子	pants
zhuō zi 桌子	desk, table	fàng jìn 放进	put in
xié 鞋	shoe	chí dào 迟到	be late

听写

到处　件　桌子　椅子　鞋　裤子

*一定　放进

我的书包在哪儿?

在桌子上。

我的衣服在哪儿?

在床上。

比一比

{ 牛（黄牛）
  件（一件衣服） }

{ 尺（尺子）
  迟（迟到） }

{ 井（水井）
  进（进去） }

{ 在床上
  在床下 }

量词练习

一（件）衣服　　一（只）鞋子

一（只）袜子　　一（个）书包

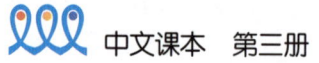
中文课本　第三册

> **词语运用**

到处

① 小明的床上到处是衣服。

② 在上海到处都是高楼。

③ 我们在山里走路，到处都可以听到鸟叫。

> **回答问题**

1. 你早上起床是不是要找东西？
2. 你的书包放在哪里？
3. 你的衣服放在哪里？
4. 你的鞋放在哪里？

提示：在桌子上　在床上　在椅子上　在地上
　　　在桌子下　在床下　在椅子下

> 偏旁部首

犭 —— 反犬旁 狗 猪 猫

女 —— 女字旁 妈 姐 奶

口 —— 口字旁 吃 喝 哪

看图找出反犬旁

女字的演变

读一读

咏 鹅

（唐）骆宾王(luò bīn)

鹅，鹅，鹅，
曲项(qū xiàng)向天歌。
白毛浮(fú)绿水，
红掌拨清波(bō)。

诗的大意：鹅！鹅！鹅！弯曲着脖子向天唱歌。雪白的羽毛漂浮在水面上，红红的脚掌划动着清清的水波。

第十六课

岳飞学写字

八百多年前,中国有个很有名的大将(jiāng)军(jūn)叫岳飞。岳飞小的时候,家里很穷,他想学写字,可是没有钱买纸和笔。

一天,岳飞回家,手里拿(ná)着一个篮子,里面是沙子和树枝。他高兴地对妈妈说:"妈妈,我可以学写字了,我有纸和笔了。"

妈妈听不明白,问他:"你的纸和笔在哪里呢?"岳飞把篮子里的沙子倒(dào)在

章佳 画

地上说："这就是我的纸。"又拿起树枝在沙土上画了几下，说："这就是我的笔。"

妈妈笑了。以后，岳飞天天都用这"纸"和"笔"跟妈妈学写字。

生词

yuè fēi 岳飞	Yue Fei (name)	shā zi 沙子	sand
qióng 穷	poor	shù zhī 树枝	branch
kě shì 可是	but	jǐ 几	a few
qián 钱	money	yǐ hòu 以后	after
mǎi 买	buy	yòng 用	with
zhǐ 纸	paper	gēn 跟	follow
lán zi 篮子	basket		

听写

穷 钱 可是 买 纸 几 沙子 以后 用
*树枝 跟

学说话

你有笔吗？

我有。（我没有。）

比一比

钱 { 花钱
      一块钱

几 { 几天
     几个

篮 { 篮子
     篮球

蓝 { 蓝天
     蓝色

> 词语运用

几

① 岳飞用树枝在沙子上画了几下。

② 这件事我想了几天了。

③ 我买了几本新书。

④ 你有几个名字？

可是

① 我想和小明去滑雪，可是他没有时间。

② 我想种花，可是春天还没有到。

以后

② 下课以后，我去游泳。

② 我长大以后，想有一只自己的狗。

偏旁部首

禾 —— 禾木旁　和　秋　种

宀 —— 宝盖头　家　安　字　它

禾木旁彩图	禾木旁	宝盖头彩图	宝盖头
	禾		宀

儿歌

小书包

小书包，我问你，　　　　小朋友，告诉你，

你有没有纸和笔？　　　　我有纸，也有笔。
　　　qiān　　hé
你有没有铅笔盒？　　　　我有橡皮、铅笔盒，
　　　　xiàng pí
你有没有白橡皮？　　　　我们一起上学去。

人物介绍

||老师读,学生听||

大将军岳飞

中国宋(sòng)朝(cháo)的时候,北方的金(jīn)国常(cháng)攻(gōng)打宋国。有个青年叫岳飞,他想学好本领(lǐng),把金人赶(gǎn)出去。于(yú)是,他跟老师学习骑(qí)马射(shè)箭。他每(měi)天天没亮就起床练(liàn)功夫。后来,岳飞成为(wéi)一名大将军,老打胜(shèng)仗。金兵一听见岳飞来了,都吓得赶(gǎn)快逃(táo)跑。

偏旁部首表（一）

氵	三点水（河 海）	讠	言字旁（说 话）
木	木字旁（林 树）	犭	反犬旁（狗 猫）
日	日字旁（时 明）	女	女字旁（妈 姐）
扌	提手旁（抱 拉）	口	口字旁（吃 喝）
艹	草字头（草 花）	禾	禾木旁（和 秋）
亻	单人旁（你 们）	宀	宝盖头（家 字）

1. 说一说，哪些偏旁部首容易记？为什么？

2. 哪些偏旁部首不好记？请写出来：

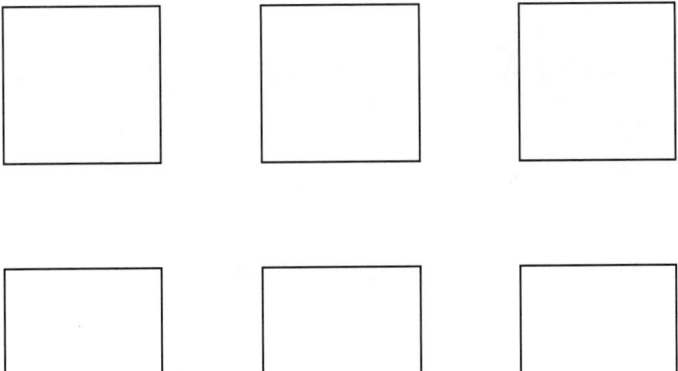

第十七课

小兔和妈妈

小兔说:"妈妈我要离开家。"妈妈说:"如果你要离开家,我就和你一起走,因为你是我的孩子。"

小兔说:"你要是和我一起走,我就变成小鱼游走。"妈妈说:"你要是变成小鱼,我就变成捕鱼的人,把你捉回来。"

小兔说:"如果你是捕鱼的人,我就变成小鸟飞走。"妈妈说:"如果你是一只小鸟,那我就变成一棵大树,上面就是小鸟的家。"

小兔说:"如果你是大树,我就变成一个小男孩儿,躲到一个房子里去。"妈妈说:"如果你是小男孩儿,我就是男孩儿的妈妈,在房子里等着你。"

小兔说:"唉(ài),你老是能找到我,我还是和你一起,在家里吧。"

Ashleigh Dong 11岁 画

看图找一找

1. 小兔变成了小鱼,小鱼在哪里?

2. 小兔变成了小鸟,小鸟在哪里?

3. 小兔变成了小男孩儿,小男孩儿在哪里?

生词

lí kāi 离开	leave	bǔ yú 捕鱼	fish, catch fish
rú guǒ 如果	if	kē 棵	measure word (of plants)
yīn wèi 因为	because	duǒ 躲	hide
hái zi 孩子	child	néng 能	can
yào shi 要是	if, suppose	hái shi 还是	still
biàn chéng 变成	transform into		

听写

离开　如果　因为　孩子　一棵　变成　还是　*躲

比一比

果 { 水果
     如果 }

{ 朵（一朵花）
  躲（躲起来） }

{ 块（一块）
  快（快乐） }

{ 棵（一棵树）
  课（第一课） }

词语运用

如果

① 如果下雨，我们就不去爬山了。

② 如果是星期六，我就多睡一会儿。

因为

① 因为下大雪，很多同学迟到了。

② 因为天太黑，开车要小心。

偏旁部首

阝—— 双耳旁 院 阳 那 都

虫—— 虫字旁 蛙 蚂 蚁 蝴 蝶

虫字旁彩图	虫字旁
	虫

量词练习

一（棵）树　　一（只）鸟

一（个）男孩　　一（个）房子

 读一读

家

小毛虫的家是树叶,

住在花上的是蝴蝶。

朱桢莉 画

小鸟儿,有一个漂亮的窝,

蜜蜂(mì fēng)呢,住着大宿舍(sù shè)。

蓝蓝的小河里游着鱼和虾,

小房子是我的家,

家里有可爱的爸爸和妈妈!

第十八课

狐狸和乌鸦

乌鸦找到一块肉,叼(diāo)了回来,站在树枝上。

一只狐狸跑来,看见乌鸦嘴里的肉,馋得直流口水。狐狸想了想,笑着对乌鸦说:"您好,亲爱的乌鸦!"乌鸦不作声。狐狸又说:"亲爱的乌鸦,您的孩子好吗(ma)?"乌鸦看了狐狸一眼,还是不作声。狐狸又说:"亲爱的乌鸦,您的羽毛真漂亮,麻雀可比不了您。您唱歌真好听,谁都爱听,您唱几句吧(ba)!"乌鸦听了

郭俊杰　画

狐狸的话，心里一高兴，就唱起歌来。"哇——"它刚一张嘴，肉就掉下来了。狐狸叼起肉跑了。

生词

狐狸 hú li	fox	不作声 bú zuò shēng	silent
馋 chán	greedy, gluttonous	羽毛 yǔ máo	feather
直 zhí	continuously	麻雀 má què	sparrow
流 liú	flow, drool	刚 gāng	just now
您好 nín hǎo	hello	张嘴 zhāng zuǐ	open the mouth
亲爱的 qīn ài de	dear	掉 diào	drop

听写

亲爱的　　羽毛　　您好　　不作声　　掉

直流　　＊馋

学说话

亲爱的妈妈，生日快乐！

词语运用

亲爱的

① 亲爱的老师和同学，大家好！

② 亲爱的妈妈，生日快乐！

你好

① 明明，你好！

您好

① 爷爷，您好！

② 老师，您好！

比一比

流 { 流口水 / 河流 }　　张 { 张开嘴 / 一张画 }

偏旁部首

竹 —— 竹字头 等 笑 笔 答
足 —— 足字旁 跑 路 跳 跟

竹字头彩图	竹字头
	竹

谜语

yì biān yǒu shuǐ　yì biān gān
一边有水，一边干

（打一字）

表演剧

同学们："乌鸦叼着一块肉，
　　　　　狐狸馋得口水流。"

狐狸："乌鸦，乌鸦真漂亮，
　　　黑黑的羽毛多美丽！"

同学们："乌鸦听了不作声。"

狐狸："乌鸦唱歌真好听，
　　　唱支歌儿大家听！"

同学们："乌鸦心里一高兴。"

乌鸦："哇——"

同学们："乌鸦张嘴一唱歌，
　　　　　不好了！肉掉了！
　　　　　树下的狐狸叼起肉，
　　　　　头也不回跑掉了。"

第十九课

小猴借书

小猴问狐狸:"人为什么聪明?"狐狸说:"他们有书啊。"猴子听了以后,心想:我一定要有书。

一天,小猴真的从图书馆里借了几本书,这下小猴高兴了。它不怕花力气,白天黑夜地把书背着,走路睡觉也不放下。它看见小鸟就说:"我有书了,我有书了,我马上就会和人一样聪明了。"它看见小兔子,又对小兔子说:"我有书

郝上 画

了，我有书了，我会和人一样聪明了。"

后来它看见狐狸，又说："我有书了，我会和人一样聪明了。"狐狸大笑起来说："有书要读才会聪明，有书不读，只背在身上是不会变聪明的。"

生词

jiè 借	borrow; lend	hēi yè 黑夜	night
wèi shén me 为什么	why	yí yàng 一样	the same
tú shū guǎn 图书馆	library	dú 读	read
pà 怕	be afraid of	cái 才	only
lì qi 力气	strength		

听写

借　为什么　怕　力气　读书　图书馆　才

＊黑夜

学说话

为什么……？

为什么天是蓝色的？

为什么你能去，我就不能去？

为什么小猫白天睡觉？

词语运用

一样

① 我和哥哥一样高了。

② 明明和小华一样，都喜欢唱歌。

③ 小蝌蚪和青蛙妈妈长得不一样。

多音字

bēi
背

bèi
背

bēi 背 { 背书包 / 背妹妹

bèi 背 { 背后 / 后背

偏旁部首

忄 —— 竖心旁 　快　慢

王 —— 王字旁 　玩　现　球

土 —— 提土旁 　地　坏

谜语

rén rén yǒu gè hǎo péng you
人人有个好朋友，
dōng xī nán běi gēn nǐ zǒu
东西南北跟你走。
bù chī bù hē bù shuō huà
不吃不喝不说话，
yīn tiān hēi yè cái fēn shǒu
阴天黑夜才分手。

（打一自然现象）

读一读

悯 农 (mǐn nóng)

（唐）李绅(shēn)

锄(chú)禾日当午,

汗滴(dī)禾下土。

谁知(zhī)盘中餐(cān),

粒(lì)粒皆(jiē)辛(xīn)苦(kǔ)。

诗的大意：在中午火热的太阳下，农民在锄草。汗水一滴滴落到庄稼下面的土里。要知道碗里的米饭，每一粒都是农民辛辛苦苦种出来的啊！

第二十课

爬 山

胡斯年 （十一岁）

我很喜欢爬山。天气好的时候，妈妈就带我去爬山。

我们常常在一个地方爬山。当你到那儿的时候，会感到太阳的温暖，会听到鸟儿的叫声。我们在山里走路，小鸟从你头上飞过，小松鼠在你身边跳来跳去。有一回，我还看见了八只鹿(lù)呢！

这地方有一个小农场。农场里有羊、牛、鸡、猪、鸭、鹅、兔子、猫和山羊。我最喜欢春天去那里，那时候有很多刚刚生下来的小动物。

爬山，让我爱动物和植物；爬山，让我爱大自然。

钱丰雨　画

生词

pá shān 爬山	climb the mountain	nóng chǎng 农场	farm
cháng cháng 常常	often	zuì 最	most
dāng 当	when	ràng 让	let
gǎn dào 感到	feel	dòng wù 动物	animal
wēn nuǎn 温暖	warm	zhí wù 植物	plant
cóng 从	from	zì rán 自然	nature

听写

爬山　常常　当　动物　最　让　自然

农场　温暖　*植物　感到

字词分类

树 花 鸡 草 鱼 鸟 鹅 虫

动物：_____

植物：_____

词语运用

从

① 从北京到上海坐火车要5小时。

② 从早上8点到12点姐姐有课。

③ 哥哥从小就喜欢游泳。

感到

① 你爬山时，会感到太阳的温暖。

② 我得了100分，心里感到很高兴。

偏旁部首

辶 —— 走之旁 过 进

火 —— 火字旁 灯 烧

读一读

徐思卓 画

天上的字

蓝蓝的天上，

谁在写字？

是大雁(yàn)。

大雁排成一字飞，

大雁排成人字飞，

就像在天上写字。

第二十一课

小蝌蚪找妈妈

春天，青蛙妈妈在水草上生下了很多卵。不久，这些卵变成了一群大头、长尾巴的蝌蚪，他们在水里游来游去，非常快乐。

一天，小蝌蚪看见小鸭子跟鸭妈妈在水里玩儿，就想：我们的妈妈在哪里呢？他们问鸭妈妈："我们的妈妈是什么样的呀？"鸭妈妈说："你们的妈妈头上有两只大眼睛。""谢谢您！"小蝌蚪高高兴兴地向前游去。

一条大鱼游过来了。小蝌蚪看见大鱼有两只大眼睛，就叫："妈妈！"大鱼

翟若宁　画

说:"错了,你们的妈妈有四条腿。"一只大乌龟游过来了。小蝌蚪看见乌龟有四条腿,就又叫妈妈。乌龟说:"错了,你们的妈妈穿着绿衣服,唱起歌来'呱呱呱'的。"

小蝌蚪看见一只青蛙坐在荷叶上"呱呱呱"地唱歌,他们小声地问:"您看见我们的妈妈了吗?"青蛙笑着说:"傻孩子,我就是你们的妈妈呀(ya)!"小蝌蚪问:"那为什么我们跟您不一样呢?"青蛙说:"你们还小呢。过几天你们就会长出四条腿来,跟妈妈一样了。"

小蝌蚪听了,高兴地叫:"我们找到妈妈了!"青蛙跳进水里说:"孩子们,快点儿来!我们一起玩儿!"

生词

luǎn 卵	ovum, egg	tuǐ 腿	leg
bù jiǔ 不久	soon	guā 呱	croak
yì qún 一群	a group of	hé yè 荷叶	lotus leaf
fēi cháng 非常	very	shǎ 傻	foolish
xiàng 向	towards		

听写

卵　不久　一群　非常　向　腿　*傻

"快点儿"

　　妈妈说:"下雨了!快点儿回家!"

　　爸爸说:"下雨了,快点儿上车!"

　　华华说:"开车了,快点儿坐下!"

词语运用

不久

① 不久，小蝌蚪变成了青蛙。

② 不久，小华的病好了，又上学了。

非常

① 小蝌蚪非常高兴，他们找到妈妈了。

② 弟弟非常喜欢小动物。

反义词

左——右　　上——下　　聪明——傻

前——后　　多——少　　黑——白

偏旁部首

月 —— 月字旁　脚　脸　肚　腿

囗 —— 国字框　园　国　圆

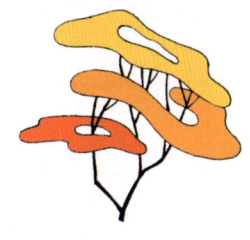

读一读

青蛙跳水

一只青蛙一张嘴，

两只眼睛四条腿，

扑通一声跳下水。
（pū tōng）

两只青蛙两张嘴，

四只眼睛八条腿，

扑通！扑通！跳下水。

第二十二课

海马爸爸

"出怪事啦,海马爸爸生孩子啦!"一条小黑鱼大声叫。黑鱼妈妈不相信,说:"你看错了吧,爸爸怎么会生孩子呢?"

黑鱼妈妈游到海马爸爸身边,看见一个个小海马,正从海马爸爸肚子上的口袋里游出来。海马妈妈笑着说:"孩子是我生的。不过,我生他们的时候,他们还是一颗颗的卵呢。我把他们生在海马爸爸的育儿袋里,孩子们在育儿袋里长大,变成了一个个小海马。"

"可这些可爱的孩子,最后是从我这里出去的呀。"海马爸爸"生"完了最后一个小海马,指指自己的育儿袋笑着说。

"不过呢,我丈夫是个好爸爸,如果小海马有了危险,就会躲进爸爸的育儿袋,等到他们都长大了才会离开育儿袋。"海马妈妈说。

"哦,真是个好爸爸。"黑鱼妈妈笑着说。

钱丰雨　画

生词

hǎi mǎ 海马	sea horse	yù ér dài 育儿袋	brood pouch
guài shì 怪事	strange things	zuì hòu 最后	last
xiāng xìn 相信	believe	zhàng fu 丈夫	husband
kē 颗	*measure word*	wēi xiǎn 危险	danger

听写

怪事　相信　颗　丈夫　危险

＊育儿袋

学说话

小心，危险！

词语运用

最

① 最大—最小　　② 最多—最少

③ 最早—最后　　④ 最快—最慢

危险

① 有电，危险！

② 下雨天，站在树下很危险。

 画谜

（打一字）

偏旁部首表（二）

阝	双耳旁（院 那）	土	提土旁（地 坏）
虫	虫字旁（蛙 蚂 蚁）	辶	走之旁（过 进）
竹	竹字头（笑 笔）	火	火字旁（灯 烧）
足	足字旁（跑 跳）	月	月字旁（脚 脸）
忄	竖心旁（快 慢）	囗	国字框（园 国）
王	王字旁（玩 球）		

1. 说一说，哪些偏旁部首容易记，为什么？
2. 哪些偏旁部首不好记，请写出来：

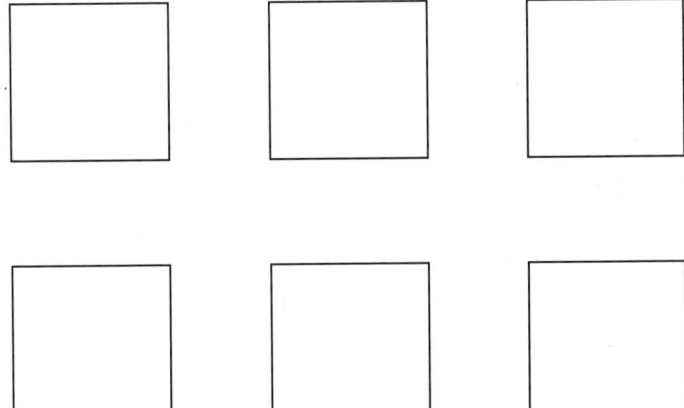

生字表（简）

1. 窝(wō) 梨(lí) 虎(hǔ) 驴(lú) 戏(xì)
2. 婆(pó) 满(mǎn) 声(shēng) 佛(fó) 袋(dài)
3. 旗(qí) 虾(xiā) 工(gōng) 农(nóng) 民(mín) 医(yī) 视(shì)
4. 狮(shī) 蜘(zhī) 蛛(zhū) 拉(lā) 丝(sī) 织(zhī) 网(wǎng) 入(rù) 记(jì) 住(zhù)
5. 词(cí) 自(zì) 己(jǐ) 床(chuáng) 穿(chuān) 洗(xǐ) 乌(wū) 鸦(yā)
7. 病(bìng) 谁(shuí) 龟(guī) 带(dài) 觉(jiào) 打(dǎ)
8. 滑(huá) 镜(jìng) 帽(mào) 午(wǔ) 咖(kā) 啡(fēi) 厅(tīng)
9. 盘(pán) 排(pái) 先(xiān) 拼(pīn) 音(yīn) 孙(sūn)
10. 英(yīng) 铃(líng) 堂(táng) 仗(zhàng) 操(cāo) 场(chǎng) 梦(mèng) 海(hǎi) 灯(dēng)
12. 井(jǐng) 观(guān) 百(bǎi) 渴(kě) 找(zhǎo) 别(bié) 错(cuò) 无(wú) 际(jì) 千(qiān) 万(wàn) 抬(tái)
13. 间(jiān) 怎(zěn) 摸(mō) 到(dào) 答(dá) 升(shēng) 昨(zuó)
14. 汗(hàn) 指(zhǐ) 体(tǐ) 正(zhèng) 伸(shēn) 帮(bāng) 翻(fān) 脚(jiǎo) 掌(zhǎng) 哈(hā)
15. 定(dìng) 处(chù) 件(jiàn) 桌(zhuō) 鞋(xié) 椅(yǐ) 袜(wà) 裤(kù) 迟(chí)
16. 岳(yuè) 穷(qióng) 钱(qián) 买(mǎi) 纸(zhǐ) 篮(lán) 沙(shā) 枝(zhī) 几(jǐ) 以(yǐ) 跟(gēn)

17. 离 如 果 因 为 孩 变 捕 棵 躲 能
    lí rú guǒ yīn wèi hái biàn bǔ kē duǒ néng

18. 狐 狸 馋 直 流 您 亲 羽 麻 雀 刚 掉
    hú lí chán zhí liú nín qīn yǔ má què gāng diào

19. 借 图 馆 怕 力 夜 读 才
    jiè tú guǎn pà lì yè dú cái

20. 爬 常 当 感 温 暖 从 最 让 动 物 植 然
    pá cháng dāng gǎn wēn nuǎn cóng zuì ràng dòng wù zhí rán

21. 卵 久 群 非 向 腿 呱 荷 傻
    luǎn jiǔ qún fēi xiàng tuǐ guā hé shǎ

22. 怪 事 相 颗 育 丈 夫 危 险
    guài shì xiāng kē yù zhàng fū wēi xiǎn

共计 174 个生字　累计 518 个生字

生字表（繁）

1. 窩(wō) 梨(lí) 虎(hǔ) 驢(lú) 戲(xì)
2. 婆(pó) 滿(mǎn) 聲(shēng) 佛(fó) 袋(dài)
3. 旗(qí) 蝦(xiā) 工(gōng) 農(nóng) 民(mín) 醫(yī) 視(shì)
4. 獅(shī) 蜘(zhī) 蛛(zhū) 拉(lā) 絲(sī) 織(zhī) 網(wǎng) 入(rù) 記(jì) 住(zhù)
5. 詞(cí) 自(zì) 己(jǐ) 床(chuáng) 穿(chuān) 洗(xǐ) 烏(wū) 鴉(yā)
7. 病(bìng) 誰(shuí) 龜(guī) 帶(dài) 覺(jiào) 打(dǎ)
8. 滑(huá) 鏡(jìng) 帽(mào) 午(wǔ) 咖(kā) 啡(fēi) 廳(tīng)
9. 盤(pán) 排(pái) 先(xiān) 拼(pīn) 音(yīn) 孫(sūn)
10. 英(yīng) 鈴(líng) 堂(táng) 仗(zhàng) 操(cāo) 場(chǎng) 夢(mèng) 海(hǎi) 燈(dēng)
12. 井(jǐng) 觀(guān) 百(bǎi) 渴(kě) 找(zhǎo) 別(bié) 錯(cuò) 無(wú) 際(jì) 千(qiān) 萬(wàn) 抬(tái)
13. 間(jiān) 怎(zěn) 摸(mō) 到(dào) 答(dá) 升(shēng) 昨(zuó)
14. 汗(hàn) 指(zhǐ) 體(tǐ) 正(zhèng) 伸(shēn) 幫(bāng) 翻(fān) 腳(jiǎo) 掌(zhǎng) 哈(hā)
15. 定(dìng) 處(chù) 件(jiàn) 桌(zhuō) 鞋(xié) 椅(yǐ) 襪(wà) 褲(kù) 遲(chí)
16. 岳(yuè) 窮(qióng) 錢(qián) 買(mǎi) 紙(zhǐ) 籃(lán) 沙(shā) 枝(zhī) 幾(jǐ) 以(yǐ) 跟(gēn)

	lí	rú	guǒ	yīn	wèi	hái	biàn	bǔ	kē	duǒ	néng
17.	離	如	果	因	爲	孩	變	捕	棵	躲	能

	hú	lí	chán	zhí	liú	nín	qīn	yǔ	má	què	gāng	diào
18.	狐	狸	饞	直	流	您	親	羽	麻	雀	剛	掉

	jiè	tú	guǎn	pà	lì	yè	dú	cái
19.	借	圖	館	怕	力	夜	讀	才

	pá	cháng	dāng	gǎn	wēn	nuǎn	cóng	zuì	ràng	dòng	wù	zhí	rán
20.	爬	常	當	感	溫	暖	從	最	讓	動	物	植	然

	luǎn	jiǔ	qún	fēi	xiàng	tuǐ	guā	hé	shǎ
21.	卵	久	群	非	向	腿	呱	荷	傻

	guài	shì	xiāng	kē	yù	zhàng	fū	wēi	xiǎn
22.	怪	事	相	顆	育	丈	夫	危	險

共計174個生字　纍計518個生字

生词表（简）

1. 窝 梨 虎 路边 驴 做游戏
2. 婆婆 满 声 大佛 袋鼠 不服气
3. 旗 气球 虾 工人 农民 医生 电视
4. 狮子 蜘蛛 拉丝 织网 入 记住 国家
5. 词 自己 起床 穿 牙刷 洗 乌鸦
7. 生病 谁 乌龟 出发 睡觉 生气 带 打球
8. 滑雪 节日 眼镜 帽子 中午 咖啡厅
9. 盘 排 先 拼音 音乐 孙
10. 英文 铃 课堂 打雪仗 操场 梦 海 灯
12. 井 观 百 口渴 找 别 错 无边无际 千 万
抬头
13. 时间 怎么 摸到 回答 升起 过去 昨天 明天
去年 明年
14. 出汗 指 身体 正在 伸 帮 翻开 脚掌 哈 原来

生词表（简）

15. 一定(yí dìng) 到处(dào chù) 件(jiàn) 桌子(zhuō zi) 鞋(xié) 椅子(yǐ zi) 袜子(wà zi) 裤子(kù zi) 放进(fàng jìn) 迟到(chí dào)

16. 岳飞(yuè fēi) 穷(qióng) 可是(kě shì) 钱(qián) 买(mǎi) 纸(zhǐ) 篮子(lán zi) 沙子(shā zi) 树枝(shù zhī) 几(jǐ) 以后(yǐ hòu) 用(yòng) 跟(gēn)

17. 离开(lí kāi) 如果(rú guǒ) 因为(yīn wèi) 孩子(hái zi) 要是(yào shi) 变成(biàn chéng) 捕鱼(bǔ yú) 棵(kē) 躲(duǒ) 能(néng) 还是(hái shi)

18. 狐狸(hú li) 馋(chán) 直(zhí) 流(liú) 您好(nín hǎo) 亲爱的(qīn ài de) 不作声(bú zuò shēng) 羽毛(yǔ máo) 麻雀(má què) 刚(gāng) 张嘴(zhāng zuǐ) 掉(diào)

19. 借(jiè) 为什么(wèi shén me) 图书馆(tú shū guǎn) 怕(pà) 力气(lì qi) 黑夜(hēi yè) 一样(yí yàng) 读(dú) 才(cái)

20. 爬山(pá shān) 常常(cháng cháng) 当(dāng) 感到(gǎn dào) 温暖(wēn nuǎn) 从(cóng) 农场(nóng chǎng) 最(zuì) 让(ràng) 动物(dòng wù) 植物(zhí wù) 自然(zì rán)

21. 卵(luǎn) 不久(bù jiǔ) 一群(yì qún) 非常(fēi cháng) 向(xiàng) 腿(tuǐ) 呱(guā) 荷叶(hé yè) 傻(shǎ)

22. 海马(hǎi mǎ) 怪事(guài shì) 相信(xiāng xìn) 颗(kē) 育儿袋(yù ér dài) 最后(zuì hòu) 丈夫(zhàng fu) 危险(wēi xiǎn)

共计176个生词

生詞表（繁）

1. 窩(wō) 梨(lí) 虎(hǔ) 路邊(lù biān) 驢(lú) 做遊戲(zuò yóu xì)

2. 婆婆(pó po) 滿(mǎn) 聲(shēng) 大佛(dà fó) 袋鼠(dài shǔ) 不服氣(bù fú qì)

3. 旗(qí) 氣球(qì qiú) 蝦(xiā) 工人(gōng rén) 農民(nóng mín) 醫生(yī shēng) 電視(diàn shì)

4. 獅子(shī zi) 蜘蛛(zhī zhū) 拉絲(lā sī) 織網(zhī wǎng) 入(rù) 記住(jì zhù) 國家(guó jiā)

5. 詞(cí) 自己(zì jǐ) 起床(qǐ chuáng) 穿(chuān) 牙刷(yá shuā) 洗(xǐ) 烏鴉(wū yā)

7. 生病(shēng bìng) 誰(shuí) 烏龜(wū guī) 出發(chū fā) 睡覺(shuì jiào) 生氣(shēng qì) 帶(dài) 打球(dǎ qiú)

8. 滑雪(huá xuě) 節日(jié rì) 眼鏡(yǎn jìng) 帽子(mào zi) 中午(zhōng wǔ) 咖啡廳(kā fēi tīng)

9. 盤(pán) 排(pái) 先(xiān) 拼音(pīn yīn) 音樂(yīn yuè) 孫(sūn)

10. 英文(yīng wén) 鈴(líng) 課堂(kè táng) 打雪仗(dǎ xuě zhàng) 操場(cāo chǎng) 夢(mèng) 海(hǎi) 燈(dēng)

12. 井(jǐng) 觀(guān) 百(bǎi) 口渴(kǒu kě) 找(zhǎo) 別(bié) 錯(cuò) 無邊無際(wú biān wú jì) 千萬(qiān wàn)

抬頭(tái tóu)

13. 時間(shí jiān) 怎麼(zěn me) 摸到(mō dào) 回答(huí dá) 升起(shēng qǐ) 過去(guò qù) 昨天(zuó tiān) 明天(míng tiān)

去年(qù nián) 明年(míng nián)

14. 出汗(chū hàn) 指(zhǐ) 身體(shēn tǐ) 正在(zhèng zài) 伸(shēn) 幫(bāng) 翻開(fān kāi) 腳掌(jiǎo zhǎng) 哈(hā) 原來(yuán lái)

生詞表（繁）

15. 一定 到處 件 桌子 鞋 椅子 襪子 褲子 放進 遲到

16. 岳飛 窮 可是 錢 買 紙 籃子 沙子 樹枝 幾 以後 用 跟

17. 離開 如果 因為 孩子 要是 變成 捕魚 棵 躲 能 還是

18. 狐狸 饞 直 流 您好 親愛的 不作聲 羽毛 麻雀 剛 張嘴 掉

19. 借 為什麼 圖書館 怕 力氣 黑夜 一樣 讀 才

20. 爬山 常常 當 感到 溫暖 從 農場 最 讓 動物 植物 自然

21. 卵 不久 一群 非常 向 腿 呱 荷葉 傻

22. 海馬 怪事 相信 顆 育兒袋 最後 丈夫 危險

共計176個生詞

第一课 韵母（一）

练习一　　练习二　　练习三

一　写拼音（右列加注四声）

a　a　a　a　　　　ā　á　ǎ　à

o　　　　　　　　　ō

e　　　　　　　　　ē

二　写生字

窝：丶丶宀宀宀宀宀宁宁窝窝窝　　梨：一二千禾禾利利利梨梨

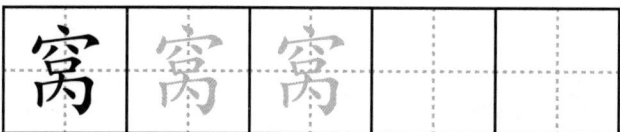 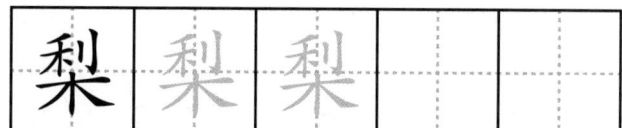

虎：丨 卜 上 广 庐 庐 虎 虎

三　写生词

鸟	窝	鸟	窝		鸟	窝		鸟	窝
梨	树								
老	虎								

第一课 韵母（一）

练习一 ★　　练习二 ☆　　练习三 ☆

四　大声朗读三遍

ā á ǎ à

ō ó ǒ ò

ē é ě è

五　抄写课文（带标点）

大白鹅，大白鹅，
游游水，唱唱歌。

六　背本课儿歌前三首

第一课 韵母（一）

练习一　　**练习二**　　练习三

一　写拼音

i ǐ ǐ ǐ　　　　ī í ǐ ì

u　　　　　　　ū

ü　　　　　　　ǖ

二　写生字

驴：¬ 马 马 马' 马' 驴 驴

戏：フ 又 又 戏 戏 戏

驴	驴	驴			

戏	戏	戏			

三　写生词

毛	驴	毛	驴		毛	驴		毛	驴
做	游	戏							

第一课 韵母（一） 练习二

四 大声朗读三遍

ī í ǐ ì

ū ú ǔ ù

ǖ ǘ ǚ ǜ

五 家长读拼音，学生在表中圈出来

ā ǒ é ī ū ú

ā á ǎ à	ī í ǐ ì
ō ó ǒ ò	ū ú ǔ ù
ē é ě è	ǖ ǘ ǚ ǜ

六 背本课儿歌后两首

第一课 韵母（一）

练习一　　练习二　　**练习三**

一　听写 a o e i u ü

＿＿＿　＿＿＿　＿＿＿　＿＿＿　＿＿＿　＿＿＿

二　看字写拼音

鹅（　　　）　　啊（　　　）

三　抄写课文

路边一只猪，
草里一只兔。

四　背拼音规则一

> i 上标调，要把点去。

第三课 声母（二）

练习一

一 写拼音

g　g　g　g　　　　gē　gé　gě　gè

k　　　　　　　　　kē

h　　　　　　　　　hē

二 写生字

旗：丶一方方方方方方方方方旗旗旗旗

虾：丨口口中虫虫虫虾虾

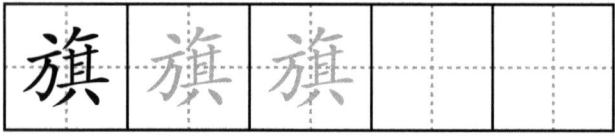

工：一丁工

农：丶一ㄗ农农农

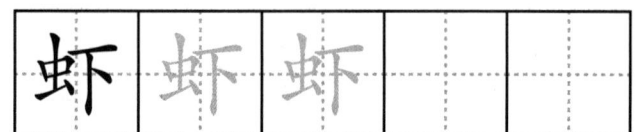

三 写生词

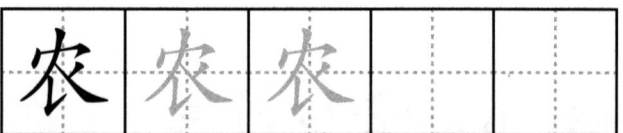

第三课 声母（二）

四 大声朗读三遍

gē　gé　gě　gè

kē　ké　kě　kè

hē　hé　hè

哥　　蝌　　喝

gē　　kē　　hē

五 看拼音填字

哥　蝌　和　哭

gē_____　hé_____　kū_____　kē_____

六 看字写拼音

哥_____　和_____　蝌_____

歌_____　河_____　课_____

个_____　喝_____　可_____

七 背本课儿歌（自选一首）

第三课 声母（二）

练习一　★练习二　练习三

一　写拼音

j　j　j　j　　　　jī　jí　jǐ　jì

q　　　　　　　　qī

x　　　　　　　　xī

二　写生字

民：⁻ ⁻ ⁻ ⁻ 民

医：⁻ ⁻ ⁻ ⁻ ⁻ ⁻ 医

视：⁻ ⁻ ⁻ ⁻ ⁻ ⁻ ⁻ 视

三　写生词

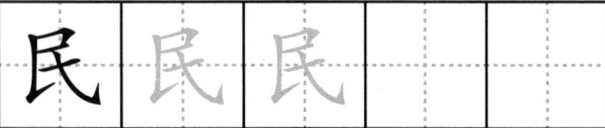
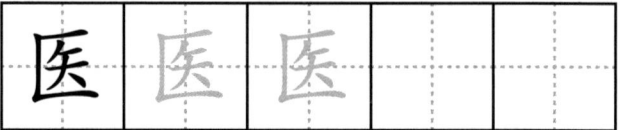

农民　农民　农民　农民

医生

电视

| 第三课 声母（二） | 练习一　　练习二　　练习三 |

四　大声朗读三遍

jī　jí　jǐ　jì

qī　qí　qǐ　qì

xī　xí　xǐ　xì

鸡　　七　　西
jī　　qī　　xī

五　背拼音规则二

> 小ü碰到j、q、x，
> 去掉两点还念ü。

六　读三遍

j-ü（u）— jū　jú　jǔ　jù

q-ü（u）— qū　qú　qǔ　qù

x-ü（u）— xū　xú　xǔ　xù

第三课 声母（二）

练习一　　**练习二**　　练习三

七　看拼音填字

| 鸡 | 七 | 西 |

qī _____　　jī _____　　xī _____

八　看字写拼音

鸡 _____　　七 _____　　西 _____

季 _____　　旗 _____　　戏 _____

机 _____　　气 _____　　习 _____

九　背本课儿歌（自选一首）

第三课 声母（二）

练习一　　练习二　　**练习三**

一　拼音听写 g k h j q x

___　___　___　___　___　___

二　读三连音

h-u-ā-huā（花）　　j-i-ɑ-jiā（家）

h-u-ǒ-huǒ（火）　　x-i-ɑ-xiā（虾）

三　看拼音填字

　　　　　花　　火　　家　　虾

huā____　　xiā____　　huǒ____　　jiā____

四　看字写拼音

下____　　虾____　　夏____　　家____

花____　　火____　　多____　　朵____

第三课 声母（二）

练习一　　　练习二　　　**练习三**

五　抄写课文，并画一张画（题目：气球）

红气球、黄气球，
　飞上天，做朋友。

第五课 声母(四)

★ 练习一　　☆ 练习二　　☆ 练习三

一　写拼音

z　z　z　z　　　　zī　zí　zǐ　zì

c　c　　　　　　　cī

s　s　　　　　　　sī

二　写生字

词：丶 讠 订 订 词 词 词

| 词 | 词 | 词 | | | |

自：丿 丨 自 自 自 自

| 自 | 自 | 自 | | | |

己：フ コ 己

| 己 | 己 | 己 | | | |

床：丶 一 广 广 庁 床 床

| 床 | 床 | 床 | | | |

三　写生词

字	词	字	词		字	词		字	词
自	己								
起	床								

第五课 声母（四）

练习一　　练习二　　练习三

四　大声朗读三遍

zī　　zí　　zǐ　　zì

cī　　cí　　cǐ　　cì

sī　　sí　　sǐ　　sì

字　　　词　　　丝

zì　　　cí　　　sī

五　看拼音填字

字　　词　　丝

sī_____　　zì_____　　cí_____

六　连线

自　sì　　　丝　sī　　　词　cí

四　zì　　　子　zǐ　　　字　zì

七　背儿歌《自己来》

第五课 声母（四）

练习一　　练习二　　练习三

一　写拼音

y　y　y　y　　　　yī　yí　yǐ　yì

w　　　　　　　　　wū

二　写生字

穿：丶丶宀宀宂宊穿穿穿

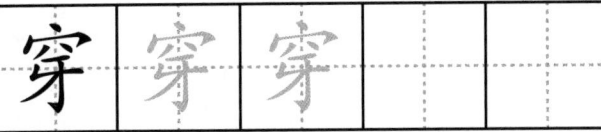

洗：丶丶氵氵汒泩泩洗

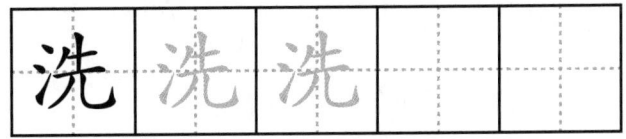

乌：′勹乌乌

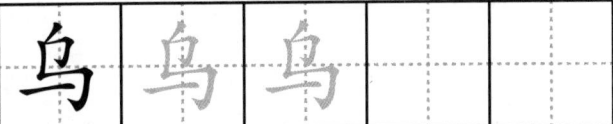

鸦：一丆于牙牙'牙'鸦鸦

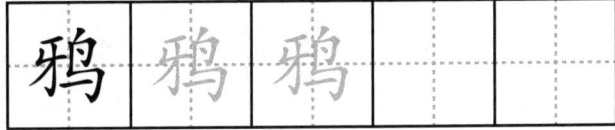

三　写生词

| 洗 | 手 | 洗 | 手 | | 洗 | 手 | | 洗 | 手 |
| 乌 | 鸦 | | | | | | | | |

四　背拼音规则三

> 开头发音是i/u，
> 前面加或改y/w。

第五课 声母（四）

练习一　★练习二　练习三

五　大声朗读三遍

yī　yí　yǐ　yì

wū　wú　wǔ　wù

yū　yú　yǔ　yù

一　五　鱼
yī　wǔ　yú

六　背拼音规则四

> 开头发音是小ü，
> 去掉两点加上y。

鱼　　月
yú　　yuè

七　看字选拼音

一____（yī　ī）　　五____（wǔ　ǔ）

鱼____（yú　ú）　　雨____（yǔ　ǔ）

八　连线

蚁　yī　　　乌　wū　　　鱼　yǔ

衣　yǐ　　　五　wǔ　　　雨　yú

16

第五课 声母（四）

练习一　练习二　**练习三**

一　拼音听写 z c s y w

____　____　____　____　____

二　读一读

字　　词　　丝　　一　　乌
zì　　cí　　sī　　yī　　wū

三　看字写拼音

自____　词____　丝____　一____　乌____

字____　子____　四____　衣____　五____

四　看词语、句子写拼音

自己____　　衣服____　　字词____

娃娃____　　乌鸦____　　吃鱼____

一只乌鸦_____

这是一只乌鸦。_____

第五课 声母(四)

练习一　　练习二　　**练习三**

五　找出拼音中带z的字，写出来

1._____　　2._____　　3._____

字　　四　　自

子　　丝　　词

六　读儿歌《十和四》

第七课 韵母（二）

练习一　　练习二　　练习三

一 写拼音

ai　ai　ai　ai　　　　lāi　lái　lǎi　lài

ei　　　　　　　　　　fēi

ui　　　　　　　　　　huī

二 写生字

病：丶一广广广疒疒病病病

谁：丶讠讠讠讠讠讠诈诈谁谁

龟：丿夕夕夕夕白龟

三 写生词

生病 / 乌龟

第七课 韵母（二）

★ 练习一　　☆ 练习二　　☆ 练习三

四　大声朗读三遍

āi　ái　ǎi　ài

ēi　éi　ěi　èi

uī　uí　uǐ　uì

爱　　　飞　　　回
ài　　　fēi　　　huí

来　　　妹　　　水
lái　　　mèi　　　shuǐ

五　看字写拼音

带____　飞____　没____　回____　水____

来____　妹____　黑____　会____　睡____

六　抄写儿歌

吃水果，吃青菜，
少生病，长得快。

第七课 韵母（二）

练习二

一 写拼音

ao　ao　ao　ao

māo　máo　mǎo　mào

ou

tōu

iu

liū

二 写生字

觉：丶丶丶丶丷丷丷丷丷丷丷丷丷丷觉觉

带：一丅丗丗丗丗丗丗丗丗带带带

觉 觉 觉

带 带 带

打：一十才打

打 打 打

三 写生词

第七课 韵母（二） 练习二

四　大声朗读三遍

āo　áo　ǎo　ào

ōu　óu　ǒu　òu

iū　iú　iǔ　iù

māo　　tóu　　liù

hǎo　　gǒu　　niú

五　看字写拼音

猫____　头____　手____　九____　六____

高____　狗____　好____　球____　牛____

六　背本课儿歌（自选一首）

第七课 韵母（二）

练习一　　练习二　　**练习三**

一 背拼音规则五（标调规则），再写拼音

> 有a在，把帽戴；
> a不在，o、e戴。
> 要是i、u一起来，
> 谁在后面谁来戴。

爱____　好____　猫____

头____　手____　飞____

六____　回____　水____

牛____　球____　会____

二 找出拼音中带iu的字，写出来

1.____　2.____　3.____　4.____

手　牛

回　妹　狗

球　六　龟

九　水　好

第七课 韵母（二）

★--------★--------★
练习一　　练习二　　练习三

三　抄写儿歌

龟兔赛跑，兔子骄傲。

乌龟出发，兔子睡觉。

四　给爸爸妈妈讲一讲"龟兔赛跑"的故事

第九课 韵母（四） 练习一

一 写拼音

an an an an   bān bán bǎn bàn

en   mēn

in   līn

二 写生字

盘：ノ丿力月舟舟舟舟舟盘盘

盘 盘 盘

排：一十扌扌扌扌扣排排排排

先：ノ丿ㅗ生生先

先 先 先

三 写生词

盘	子	盘子		盘子		盘子
一	排					
先	后					

第九课 韵母（四）

★ 练习一　　☆ 练习二　　☆ 练习三

四　大声朗读三遍

ān　án　ǎn　àn

ēn　én　ěn　èn

īn　ín　ǐn　ìn

看　　门　　林
kàn　mén　lín

五　看字写拼音

班____　　们____　　林____　　文____

盘____　　本____　　音____　　班____

六　背本课儿歌（自选一首）

第九课 韵母（四）

练习一　练习二　练习三

一　写拼音

un　un　un　un　　　　sūn　sún　sǔn　sùn

ün　　　　　　　　　　yūn

二　写生字

拼：一 † 扌 扌 扩 扩 拦 拦 拼

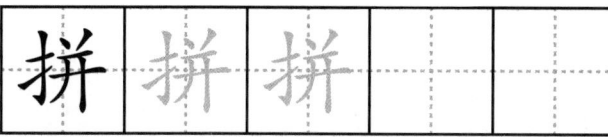

音：丶 亠 㐄 亠 立 产 音 音 音

孙：了 了 子 孑 孖 孙

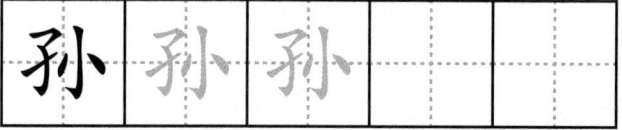

三　写生词

拼	音	拼	音		拼	音		拼	音
音	乐								
孙	子								

第九课 韵母（四）

练习一　练习二　练习三

四 大声朗读三遍

ūn　ún　ǔn　ùn

ūn　ún　ǔn　ùn

孙　云
sūn　yún

五 看词选拼音

chūn tiān　　bái yún　　yīn yuè

pīn yīn　　sūn zi　　ér zi

春天＿＿＿＿　　拼音＿＿＿＿　　孙子＿＿＿＿

白云＿＿＿＿　　音乐＿＿＿＿　　儿子＿＿＿＿

第九课 韵母(四)

练习一　练习二　**练习三**

一　看词写拼音

三班____　　大门____　　树林____　　门口____

孙子____　　白云____　　本子____　　盘子____

二　抄写儿歌

月亮圆,像个盘,
有时月亮少一半,
半个月亮像只船。

三　看句子写拼音

1. 弟弟学拼音。

　_____

2. 我叫李春华。

　_____

第十一课 复习（二）

练习一

一　写出声母

　　___　___　___　___　___　___　___

　　___　___　___　___　___　___

　　___　___　___

　　___　___　___　___（___　___）

二　写出韵母

　　___　___　___　___　___　___　___

　　___　___　___　___　___　___　___

　　___　___　___　___　___　___

三　写出整体认读

　　___　___　___　___　___　___　___

　　___　___　___　___

　　___　___　___　___　___

第十一课 复习（二）

练习一　　练习二　　练习三

一　看字写拼音

只_____　　吃_____　　师_____　　日_____

自_____　　词_____　　丝_____　　衣_____

乌_____　　鱼_____　　爷_____　　月_____

因_____　　云_____　　圆_____　　英_____

二　看词语写拼音

乌龟_____　　　月亮_____

耳朵_____　　　写字_____

打球_____　　　回家_____

电灯_____　　　黄牛_____

星期六_____　　　星期日_____

第十一课 复习（二）

练习一　　练习二　　**练习三**

一 看句子写拼音

1. 弟弟洗脸。_____

2. 姐姐自己洗衣服。_____

3. 爸爸开飞机。_____

4. 这是电灯。_____

5. 那是中文书。_____

6. 我叫小红。_____

7. 小明是我的同学。_____

8. 我有英文课。_____

9. 明天是新年。_____

10. 月亮像个盘。_____

第十三课
时间

练习一   练习二   练习三

一 写生字

间：`丨冂门问问间间

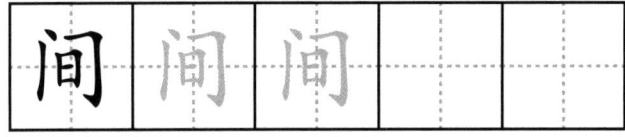

怎：丿乍乍乍乍怎怎怎

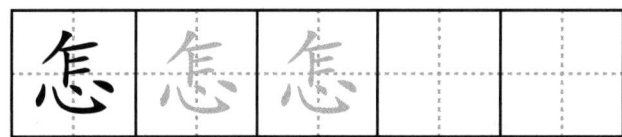

摸：一十扌扌扩扩扩挡挡挡摸摸

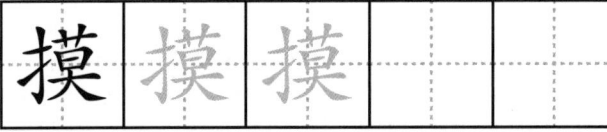

到：一工工至至到到

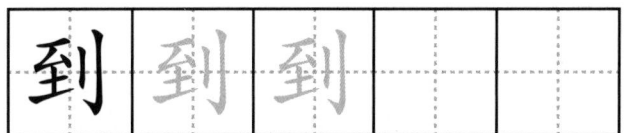

二 写生词两遍，并在词语上写拼音一遍

shí jiān

时	间			

怎	么			

摸	到			

第十三课 时间

练习一　　练习二　　练习三

三　画一张画（题目：时间）

提示：钟表　四季　日历　太阳　月亮

四　读一遍课文

第十三课 时间

练习一　　练习二　　练习三

一 写生字

答：ノ 一 ＊ ＊ ＊ ＊ ＊ ＊ ＊ ＊
　　答 答

| 答 | 答 | 答 | | | |

升：ノ 一 チ 升

| 升 | 升 | 升 | | | |

昨：丨 冂 日 日 日' 旷 昨 昨 昨

| 昨 | 昨 | 昨 | | | |

二 写生词两遍，并在词语上写拼音一遍

| 回 | 答 | | | | |

| 升 | 起 | | | | |

| 昨 | 天 | | | | |

| 明 | 天 | | | | |

第十三课 时间

练习二

三 在方框中找出下列词语和句子，并圈出来

① 升起 ② 落下 ③ 昨天 ④ 今天 ⑤ 明天
⑥ 今年 ⑦ 明年 ⑧ 去年 ⑨ 回答
⑩ 小鸟问妈妈   ⑪ 时间在哪儿
⑫ 怎么看不见它   ⑬ 也摸不到它

怎	小	鸟	问	妈	妈	昨	儿
落	么	升	起	答	也	时	天
哪	下	看	回	摸	答	间	不
摸	明	天	不	今	年	在	见
时	不	到	明	见	升	哪	鸟
间	它	去	年	回	它	儿	今
儿	年	落	下	升	答	起	天

第十三课 时间

练习一　　练习二　　**练习三**

一　选择填空

1. 今天是2月8日，明天我过生日，我的生日是_____。

   A. 2月7日　　　　B. 2月9日

2. 太阳升起又落下，月亮出来又回家，_____过去了。

   A. 一年　　　　B. 一天

3. 冬天走了，春天来了，夏虫叫了，秋叶落了。_____过去了。

   A. 一年　　　　B. 一月

4. 今年是2015年，去年是_____年。

   A. 2013　　　　B. 2014

二　组词

间_____　　年_____　　昨_____

房_____　　过_____　　今_____

第十三课 时间　　练习一　　练习二　　练习三

三 找出表示时间的词语，写出来

今天　怎么　哪儿　明年　作业　昨天　星期三

1_____　2_____　3_____　4_____

四 在方框中，用彩笔写出下列偏旁部首

日字旁　　　　提手旁

五 写出偏旁部首，并写三个带有这个偏旁的字

1. 日字旁（　　）_____、_____、_____

2. 提手旁（　　）_____、_____、_____

六 读一遍课文

第十五课
东西要放在一定的地方

练习一　　练习二　　练习三

一 写生字

定：丶丶宀宁宁定定

| 定 | 定 | 定 | | | |

处：丿ㄆ夂处处

| 处 | 处 | 处 | | | |

件：丿亻亻仁仨件

| 件 | 件 | 件 | | | |

桌：丨卜上占卢卓卓桌桌

| 桌 | 桌 | 桌 | | | |

二 写生词两遍，并在词语上写拼音一遍

| 一 | 定 | | | | |

| 到 | 处 | | | | |

| 桌 | 子 | | | | |

| 鞋 | 子 | | | | |

第十五课 东西要放在一定的地方

练习一

三 抄写课文

早上，小明一起床，就到处找东西。他的衣服，一件在床上，一件在桌子上。

四 选择填空

1. 你每天早上起来_____。

  A. 四处找东西　　B. 衣服、书包都放好了

2. 你的衣服放在_____。

  A. 床上　　B. 找不到　　C. 桌子上

3. 你的书包放在_____。

  A. 门口　　B. 椅子上　　C. 找不到

五 读两遍课文第一段

第十五课
东西要放在一定的地方

练习一　　**练习二**　　练习三

一　写生字

椅：一十ナ才木`木`村`村`桥`椅`椅`椅`椅

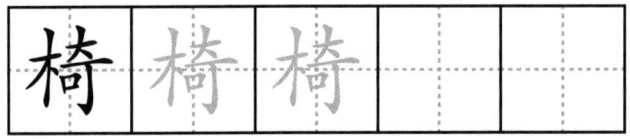

鞋：一十廿廿廿芒芑革革革鞋鞋鞋鞋

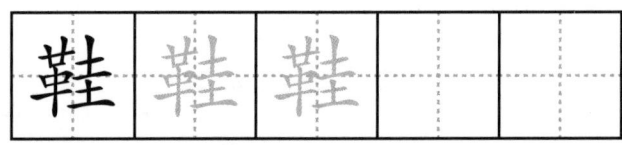

裤：`丆才才衤衤`衤`衤`衤`裤`裤`裤

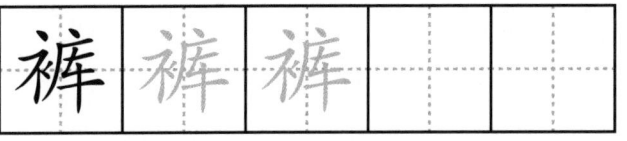

袜：`丆才才衤衤`衤`衤`袜`袜

迟：丆コ尸尺`尺`迟`迟

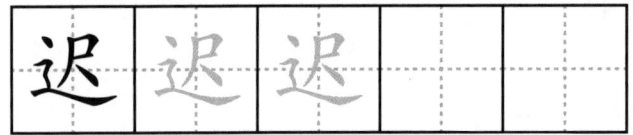

二　写生词两遍，并在词语上写拼音一遍

椅	子				

袜	子				

裤	子				

迟	到				

第十五课 东西要放在一定的地方

练习二

三 选词填空

> 桌子　到处　件　一定　迟到　床前

1. 小明一起床就_____找衣服。

2. 弟弟有三_____衣服。

3. _____上有我的书包。

4. 我天天上学不_____。

5. 东西要放在_____的地方。

6. 鞋放在_____。

四 造句

例句：1. 我有一件红色的衣服。
　　　2. 小明上学不迟到。

1. 一件_____

2. 迟到_____

五 读两遍课文

第十五课
东西要放在一定的地方

练习一　　练习二　　**练习三**

一　用下面的字组8个词，并看看哪个字用得最多？

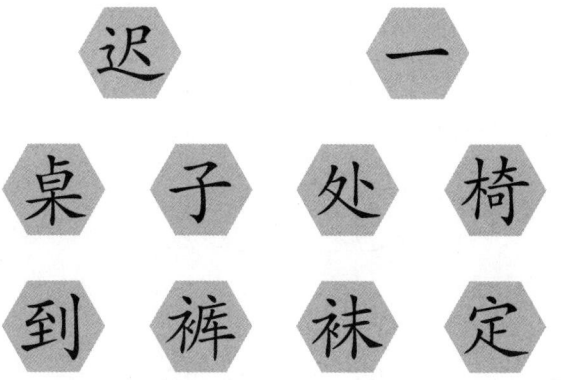

1. _____　　2. _____　　3. _____　　4. _____

5. _____　　6. _____　　7. _____　　8. _____

看一看哪个字用得最多？ _____

二　说一说

1. 睡觉前你的书包放在哪里了？

2. 睡觉前你的鞋放在哪里了？

3. 回家后你的衣服放在哪里？

第十五课
东西要放在一定的地方

练习一 练习二 练习三

三 在方框中，用彩笔写出下列偏旁部首

　　　　反犬旁　　　　　女字旁　　　　　口字旁

四 写出偏旁部首，并写三个带有这个偏旁的字

　　1. 反犬旁（　　）_____、_____、_____

　　2. 女字旁（　　）_____、_____、_____

　　3. 口字旁（　　）_____、_____、_____

五 背诵诗歌《咏鹅》

第十七课
小兔和妈妈

★ 练习一　　☆ 练习二　　☆ 练习三

一 写生字

离：丶一ㄨ文玄卤卤离离离

| 离 | 离 | 离 | | | |

如：ㄑ 女 女 如 如 如

| 如 | 如 | 如 | | | |

果：丨 冂 曰 旦 旦 甲 果 果

| 果 | 果 | 果 | | | |

因：丨 冂 冂 因 因 因

| 因 | 因 | 因 | | | |

为：丶 ノ 为 为

| 为 | 为 | 为 | | | |

孩：丶 了 子 孑 孑 孑 孩 孩 孩

| 孩 | 孩 | 孩 | | | |

二 写生词两遍，并在词语上写拼音一遍

| 离 | 开 | | | |

| 如 | 果 | | | |

| 因 | 为 | | | |

| 孩 | 子 | | | |

第十七课
小兔和妈妈

练习一　　练习二　　练习三

三　造句

例句 1. 如果喜欢吃梨，就买梨。
　　　2. 因为我病了，不能上学。

1. 如果_____
2. 因为_____

四　读两遍课文（和妈妈一起分角色读）

五　完成手工作业"虫虫"

第十七课 小兔和妈妈

练习一　★练习二　练习三

一　写生字

变：丶亠亣亦亦峦变变

捕：一十扌扌扩扩折折捕捕

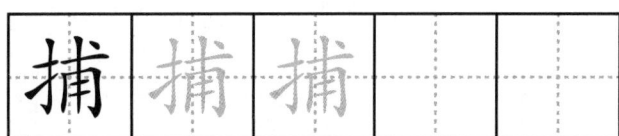

棵：一十才木术杧杧枈棵棵棵

躲：丿丫丫丫身身身身躲躲躲躲

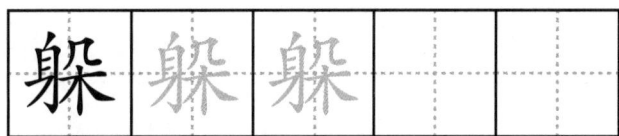

能：厶厶产台台台能能能

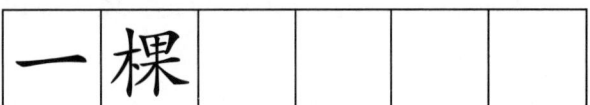

二　写生词两遍，并在词语上写拼音一遍

| 捕 | 鱼 | | | | |

| 一 | 棵 | | | | |

第十七课 小兔和妈妈

练习一　　练习二　　练习三

三　抄写课文

妈妈说:"如果你是一只小鸟,那我就变成一棵大树,上面就是小鸟的家。"

四　根据课文选词回答

> 小鱼　小狗　小鸟　小虫子　小男孩儿　小女孩儿
> 船　捕鱼的人　大树　男孩儿的爸爸　男孩儿的妈妈

1. 小兔想变成什么？ _____　_____　_____

2. 小兔的妈妈想变成什么？请写出来

_____　_____　_____

五　选择填空

1. 我家门口有一_____树。（棵　课）

2. 上_____了，请坐好！（棵　课）

第十七课
小兔和妈妈

练习一　　　练习二　　　**练习三**

一　在方框中，用彩笔写出偏旁部首

　　　　双耳旁　　　　虫字旁

　　　　　□　　　　　　□

二　写出偏旁部首，并写三个带有这个偏旁的字

　　1. 双耳旁（　　）_____、_____、_____

　　2. 虫字旁（　　）_____、_____、_____

三　读诗歌《家》再回答

　　1. 树叶是小毛虫的_____。（桌子　椅子　家）

　　2. 住在花上的是_____。（小鱼　虾　蝴蝶）

　　3. 鱼和虾爱_____。（唱歌　游来游去）

四　讲一讲你的家

　　提示：1. 家里有几口人？（五口　四口）

　　　　　2. 他们都做什么？（老师　医生　学生）

　　　　　3. 他们喜欢什么？（唱歌　画画　游泳）

第十九课 小猴借书

★ 练习一　　☆ 练习二　　☆ 练习三

一　写生字

借：ノ亻亻丑丑世借借借借

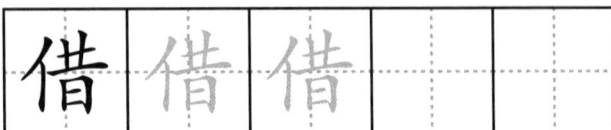

图：｜冂冂冈図図图

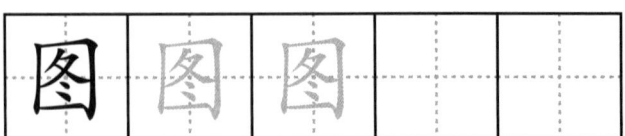

馆：ノ𠂉𠂉𠂉饣饣饣饣馆馆馆

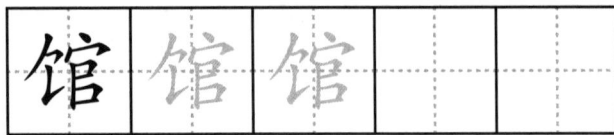

怕：丶丶忄忄忄怕怕怕

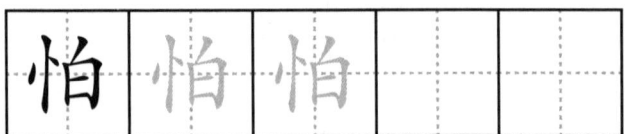

二　写生词两遍，并在词语上写拼音一遍

| 借 | 书 | | | | |

| 图 | 书 | 馆 | | | |

| 不 | 怕 | | | | |

第十九课
小猴借书

练习一　　　　练习二　　　　练习三

三 造句

　　例句　1. 为什么你每天上学都迟到？

　　　　　2. 哥哥在图书馆看书。

1. 为什么_____

2. 图书馆_____

四 画一张画（题目：图书馆）

五 读一遍课文

第十九课 小猴借书　　练习一　**练习二**　练习三

一　写生字

力：丁力
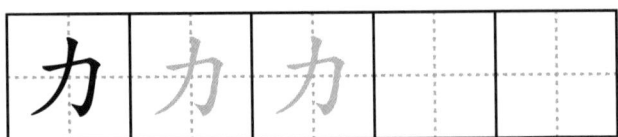

夜：丶亠广广疒夜夜夜
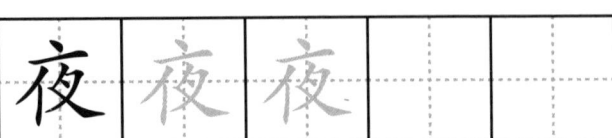

读：丶讠讠讠讠讠讠读读读
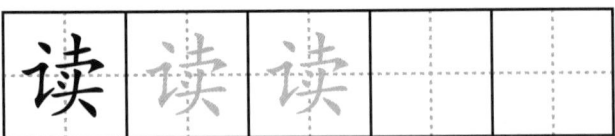

才：一十才

二　写生词两遍，并在词语上写拼音一遍

| 力 | 气 | | | | |

| 黑 | 夜 | | | | |

| 读 | 书 | | | | |

三　组词

为＿＿＿　　图＿＿＿　　怕＿＿＿　　借＿＿＿

样＿＿＿　　读＿＿＿　　夜＿＿＿　　力＿＿＿

第十九课 小猴借书

练习二

四 把小猴和狐狸的对话写在图中

1. 我有书了，我会和人一样聪明了。

2. 有书不读，只背在身上是不会变聪明的。

五 读一遍课文（有语气）

第十九课 小猴借书

练习一　　　练习二　　　**练习三**

一　根据课文判断对错

1. 小猴从图书馆借了书。　　　＿＿对＿＿错

2. 小猴有了书，天天看书。　　＿＿对＿＿错

3. 小猴和人一样聪明了。　　　＿＿对＿＿错

二　在方框中，用彩笔写出偏旁部首

竖心旁　　　　　王字旁　　　　　提土旁

☐　　　　　　☐　　　　　　☐

三　写出偏旁部首，并写三个带有这个偏旁的字

1. 竖心旁（　　）＿＿＿＿、＿＿＿＿、＿＿＿＿

2. 王字旁（　　）＿＿＿＿、＿＿＿＿、＿＿＿＿

3. 提土旁（　　）＿＿＿＿、＿＿＿＿、＿＿＿＿

四　把"小猴借书"的故事讲给家人听

第二十一课 小蝌蚪找妈妈

★ 练习一　　☆ 练习二　　☆ 练习三

一　写生字

卵：`丶 ㄣ ㄅ 甶 卯 卵 卵`

久：`丿 ㄅ 久`

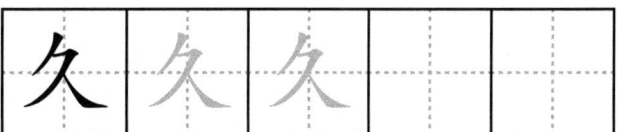

群：`フ ㄱ ㅋ 尹 尹 君 君 君 君ˊ 君ˇ 群 群`

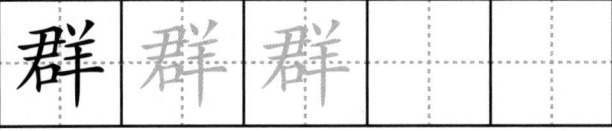

非：`丨 ㅓ ㅓ ㅓ 刲 非 非 非`

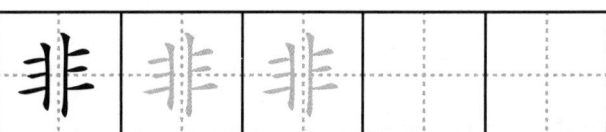

二　写生词两遍，并在词语上写拼音一遍

不	久				

黑	夜				

非	常				

第二十一课 小蝌蚪找妈妈

练习一 ★

练习二 ☆

练习三 ☆

三 造句

例句：1. 今天是华华的生日，他非常高兴。

2. 小毛虫长大后，变成美丽的蝴蝶。

1. 非常＿＿＿＿＿＿＿＿＿＿＿＿＿＿＿＿＿＿＿＿

2. 变成＿＿＿＿＿＿＿＿＿＿＿＿＿＿＿＿＿＿＿＿

四 读两遍课文前三段

第二十一课 小蝌蚪找妈妈

练习一　　练习二　　练习三

一 写生字

向：丿丶向向向向

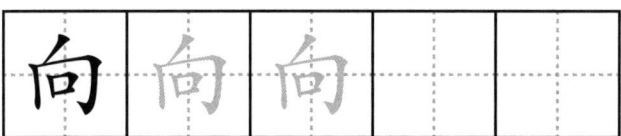

腿：丿月月月月⁷月⁷月³肥胆胆腿 腿腿

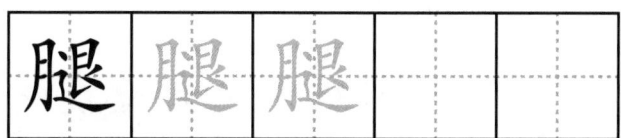

呱：丨冂口口⁰呱呱呱

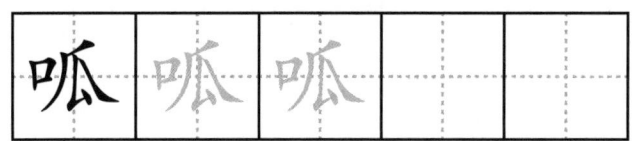

荷：一十艹艹艹艹荷荷荷

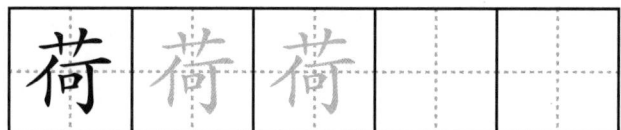

傻：丿亻亻亻⁴亻们伵伵伲傻 傻傻

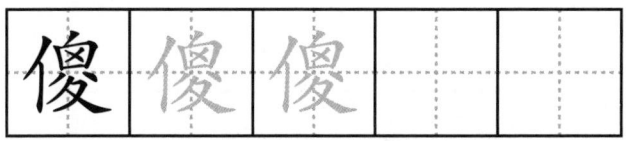

二 写生词两遍，并在词语上写拼音一遍

向	前				

荷	叶				

傻	孩	子			

第二十一课 小蝌蚪找妈妈

练习一 ★ 练习二 ☆ 练习三

三 画图书：上边画图，下边写字

1. 青蛙妈妈在水草上生下了很多卵。

2. 卵变成了大头、长尾巴的蝌蚪。

3. 小蝌蚪看见大鱼就叫妈妈。

4. 小蝌蚪找到青蛙妈妈了！

1	2
3	4

第二十一课 小蝌蚪找妈妈

练习一　练习二　练习三

四　选词填空

不久　过来　非常　傻孩子

1. 一条大鱼游_____了。小蝌蚪就叫妈妈。

2. _____，小蝌蚪变成了青蛙。

3. 小蝌蚪_____高兴，他们找到妈妈了。

4. 青蛙说："_____，我就是你们的妈妈呀！"

五　读两遍课文后两段，再和妈妈分角色读课文

第二十一课 小蝌蚪找妈妈

练习一　　练习二　　**练习三**

一　根据课文判断对错

　　1. 秋天，青蛙妈妈生了很多小蝌蚪。　　___对___错

　　2. 小蝌蚪长得不像自己的妈妈。　　___对___错

　　3. 小蝌蚪看见大鱼就叫妈妈。　　___对___错

二　在方框中，用彩笔写出下列偏旁部首

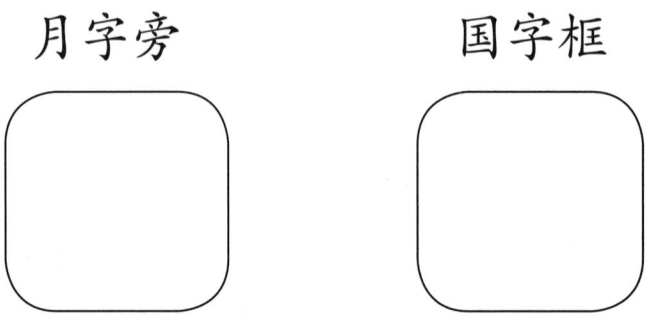

三　写出偏旁部首，并写三个带有这个偏旁的字

　　1. 月字旁（　　）_____、_____、_____

　　2. 国字框（　　）_____、_____、_____

四　你养过蝌蚪吗？

　　建议：如果有机会可以养一次，看看小蝌蚪是怎样变成青蛙的。

第一课 听写

1.	2.	3.	4.
5.	6.	7.	8.
9.	10.	11.	12.

第三课 听写

1.	2.	3.	4.
5.	6.	7.	8.
9.	10.	11.	12.

第五课 听写

1.	2.	3.	4.
5.	6.	7.	8.
9.	10.	11.	12.

第七课 听写

1.	2.	3.	4.
5.	6.	7.	8.
9.	10.	11.	12.

第九课　听写

1.	2.	3.	4.
5.	6.	7.	8.
9.	10.	11.	12.

第十三课　听写

1.	2.	3.	4.
5.	6.	7.	8.
9.	10.	11.	12.

第十五课　听写

1.	2.	3.	4.
5.	6.	7.	8.
9.	10.	11.	12.

第十七课　听写

1.	2.	3.	4.
5.	6.	7.	8.
9.	10.	11.	12.

第十九课 听写

1.	2.	3.	4.
5.	6.	7.	8.
9.	10.	11.	12.

第二十一课 听写

1.	2.	3.	4.
5.	6.	7.	8.
9.	10.	11.	12.

1.	2.	3.	4.
5.	6.	7.	8.
9.	10.	11.	12.

1.	2.	3.	4.
5.	6.	7.	8.
9.	10.	11.	12.

新双双中文教材 3

New Chinese Language and Culture Course

练习本 Workbook

第三册 双课

王双双 编著

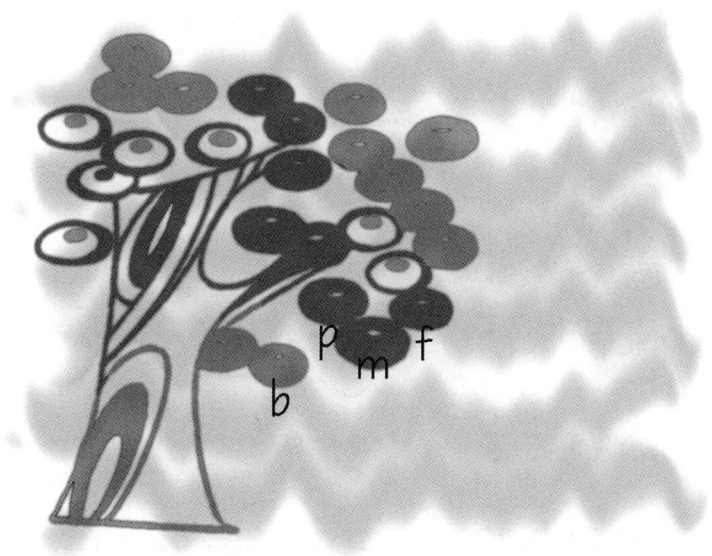

北京大学出版社
PEKING UNIVERSITY PRESS

目 录

第二课 声母（一） ……………………………… 1

第四课 声母（三） ……………………………… 7

第六课 复习（一） ……………………………… 13

第八课 韵母（三） ……………………………… 17

第十课 韵母（五） ……………………………… 23

第十二课 坐井观天 ……………………………… 30

第十四课 小花猫找汗 …………………………… 35

第十六课 岳飞学写字 …………………………… 40

第十八课 狐狸和乌鸦 …………………………… 46

第二十课 爬山 …………………………………… 52

第二十二课 海马爸爸 …………………………… 57

第二课 声母（一）

★ 练习一　　　☆ 练习二　　　☆ 练习三

一　写拼音（右列加注四声）

b　b　b　b　　　　bō　bó　bǒ　bò

p　　　　　　　　　pō

m　　　　　　　　　mō

f　　　　　　　　　fā

二　写生字

婆：丶丶氵氵汃汐波波 婆 婆

| 婆 | 婆 | 婆 | | | |

满：丶丶氵氵汁汁泮泮满满 满满

| 满 | 满 | 满 | | | |

声：一十士吉吉吉声

| 声 | 声 | 声 | | | |

三　写生词

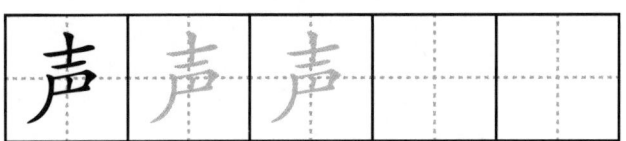

| 婆 | 婆 | 婆 | 婆 | | 婆 | 婆 | | 婆 | 婆 |
| 满 | 了 | | | | | | | | |

1

第二课 声母（一）

练习一　　　　练习二　　　　练习三

四　大声朗读三遍

bā　　bá　　bǎ　　bà

pō　　pó　　pǒ　　pò

mā　　má　　mǎ　　mà

fó

爸爸　　妈妈　　木马

bà ba　　mā ma　　mù mǎ

五　看字写拼音

爸_____　　妈_____　　八_____

米_____　　佛_____　　木_____

六　背本课儿歌（自选一首）

第二课 声母（一）

练习一 ★ 练习二 ☆ 练习三

一 写拼音

d　d　d　d　　　　dē　dé　dě　dè

t　　　　　　　　　tū

n　　　　　　　　　nī

l　　　　　　　　　lē

二 写生字

佛：ノ亻亻佁伊佛佛

袋：ノ亻亻代代代岱岱袋袋袋

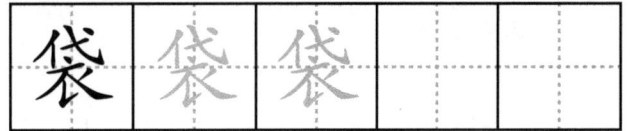

三 写生词

袋鼠　袋鼠　　袋鼠　　袋鼠

四 大声朗读三遍

　　dā　dá　dǎ　dà
　　tū　tú　tǔ　tù
　　nī　ní　nǐ　nì
　　lī　lí　lǐ　lì

第二课 声母（一）

练习一　★ 练习二　☆ 练习三

五　家长读拼音，学生在表中找出

bā　mǎ　dà　tǔ　lì

bā	bá	bǎ	bà	dā	dá	dǎ	dà
pō	pó	pǒ	pò	tū	tú	tǔ	tù
mā	má	mǎ	mà	nī	ní	nǐ	nì
fā	fá	fǎ	fà	lī	lí	lǐ	lì

六　连线

爸　mā　　　八　dà　　　木　mù　　　你　nǐ

妈　bà　　　大　bā　　　土　tǔ　　　乐　lè

七　看拼音填字

木　他　大　女　土　米

mù_____　　mǐ_____　　nǚ_____

tā_____　　dà_____　　tǔ_____

八　背本课儿歌（自选一首）

第二课 声母（一）

练习一　　练习二　　**练习三**

一　听写 b p m f d t n l

____ ____ ____ ____ ____ ____ ____ ____

二　看词写拼音

爸爸_____　　木马_____　　大地_____

弟弟_____　　大米_____　　那里_____

三　看拼音填字

| 弟 | 你 | 乐 | 里 | 鹅 | 驴 |

dì_____　　　nǐ_____　　　lǐ_____

lè_____　　　é_____　　　lú_____

第二课 声母（一）

练习一　练习二　**练习三**

四　抄写课文（带标点）

青蛙跳高得第一，袋鼠娃娃不服气。

下回我和妈妈跳，两人一起得第一。

第四课
声母（三）

★ 练习一   ☆ 练习二   ☆ 练习三

一　写拼音

zh　zh　zh　zh　　　　zhī　zhí　zhǐ　zhì

ch　　　　　　　　　　chī

sh　　　　　　　　　　shī

r　　　　　　　　　　rì

二　写生字

狮：ノ 丁 犭 犭 犭 犳 狮 狮 狮 狮

蜘：一 丨 口 口 中 虫 虫 虫 虬 虯 蚧 蜘 蜘 蜘

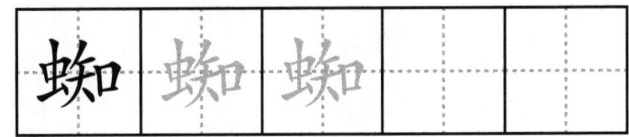

蛛：一 丨 口 口 中 虫 虫 虫 虬 虯 蛛 蛛

拉：一 十 扌 扌 扩 扩 拉 拉

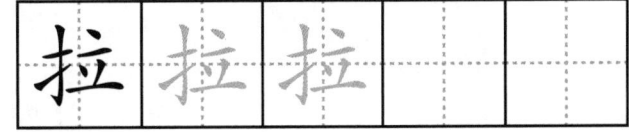

丝：ㄥ ㄠ 纟 丝 丝

7

第四课 声母（三）

练习一　练习二　练习三

三　写生词

蜘	蛛	蜘	蛛	蜘	蛛	蜘	蛛
狮	子						

四　大声朗读三遍

zhū　　zhú　　zhǔ　　zhù

chē　　chě　　chè

shā　　shá　　shǎ　　shà

zhī　　chī　　shī　　rì

五　看拼音填字

只　师　日　吃

rì_____　　shī_____　　chī_____　　zhī_____

六　背本课儿歌（自选一首）

第四课 声母（三）

练习一　練习二　练习三

一　写生字

织：ㄥ ㄠ 纟 纱 织 织 织 织

| 织 | 织 | 织 | | | |

网：丨 冂 冂 冈 网 网

| 网 | 网 | 网 | | | |

入：丿 入

| 入 | 入 | 入 | | | |

记：丶 讠 记 记 记

| 记 | 记 | 记 | | | |

住：丿 亻 亻 亻 住 住 住

| 住 | 住 | 住 | | | |

二　写生词

| 织 | 网 | 织 | 网 | | | 织 | 网 | | | 织 | 网 |
| 记 | 住 | | | | | | | | | | |

三　连线

车　　zhè　　　猪　　chū　　　十　　shí

这　　chē　　　出　　zhū　　　是　　zhī

树　　zhù　　　日　　rù　　　茶　　chá

住　　shù　　　入　　rì　　　只　　shì

9

第四课 声母（三）

练习一　★练习二　☆练习三

四　抄写课文

　　我的书包里，有书又有笔。
　　背上小书包，天天上学去。

五　看句子写拼音

1. 这是猪。_____

2. 那是树。_____

六　看拼音写句子

1. zhè shì shū　　　2. nà shì bǐ

_____　　_____

七　背本课儿歌（自选一首）

第四课 声母（三）

练习一　　　练习二　　　**练习三**

一　拼音听写　zh ch sh r

_____　_____　_____　_____

二　看字写拼音

只_____　　吃_____　　师_____　　狮_____

这_____　　车_____　　入_____　　猪_____

茶_____　　是_____　　住_____　　树_____

三　看下面圆圈，找出拼音中带sh的字，写出来

1._____　2._____　3._____　4._____　5._____

这　师　茶　十
猪　树　入　日
车　书　是　住

第四课 声母（三）

练习一　练习二　**练习三**

四　画两张画，并在图下面写一句话

图1：毛毛虫说长大了要去找可爱的小花

图2：蝴蝶找到了小花

第六课 复习（一）

★ 练习一　　☆ 练习二　　☆ 练习三

一　写出单韵母

　　___　___　___　___　___　___

二　写出声母

　　___　___　___　___　___　___　___　___

　　___　___　___　___　___　___

　　___　___　___　___

　　___　___　___（___　___）

三　写出整体认读（已学过的）

　　___　___　___　___

　　___　___　___　___

第六课 复习（一）

★ 练习一　　　☆ 练习二　　　☆ 练习三

四　分类

b o l d f h zhi ch ri yi si g u wu

声母：_____

韵母：_____

整体认读：_____

第六课 复习（一）

一　读拼音

bā	bǎ	pó	mù	fā	dì	tā	nà	nǐ	le
八	把	婆	木	发	地	他	那	你	了

gē	kè	hē	jī	qí	xī	jiā	xǐ	yī	jī
哥	课	喝	鸡	旗	西	家	洗	衣	机

二　看字写拼音

爸_____　妈_____　爷_____　哥_____　弟_____

大_____　米_____　发_____　婆_____　他_____

土_____　那_____　你_____　了_____　课_____

喝_____　鸡_____　西_____　家_____　虾_____

三　连线

一只　　　zhī zhū　　　　旗子　　　yǔ yī

蜘蛛　　　chū rù　　　　 雨衣　　　qí zi

出入　　　yì zhī　　　　 狮子　　　shī zi

第六课 复习（一）

练习一　　练习二　　练习三

一　读拼音

zhī	chī	shī	rì	rù	zì	cí	sī	yī	wū	yú
只	吃	师	日	入	字	词	丝	医	乌	鱼

shā fā　　qì chē　　yī fu　　xià yǔ
沙发　　　汽车　　　衣服　　 下雨

二　看字词写拼音

这____　吃____　石____　日____　自己_____

字____　词____　医____　鱼____　乌鸦_____

牙____　也____　娃____　汽车_____　衣服_____

三　看句子写拼音

1. 这是书。_____　　2. 那是笔。_____

3. 这是驴。_____　　4. 那是我的家。_____

四　选择拼音填空

弟____（di　dì）　具____（jù　jǔ）　鱼____（yú　yǔ）

一____（ī　yī）　　五____（ǔ　wǔ）　牙____（iá　yá）

第八课 韵母（三）

练习一　　练习二　　练习三

一 写拼音

ie　*ie　ie　ie*　　　　xiē　*xié　xiě　xiè*

ue　　　　　　　　　　yuē

er　　　　　　　　　　ér

二 写生字

滑：`丶丶氵氵汩汩汩汨滑滑滑`

滑	滑	滑		

镜：`丿𠂉𠂉乍钅钅钅钅钅镜镜镜镜镜`

镜	镜	镜		

帽：`丨冂巾巾冃冐冐帽帽帽帽`

帽	帽	帽		

三 写生词

滑	雪	滑	雪		滑	雪		滑	雪
眼	镜								
帽	子								

第八课 韵母（三） 练习一

四 大声朗读三遍

iē　ié　iě　iè

uē　ué　uě　uè

ēr　ér　ěr　èr

写　月　耳
xiě　yuè　ěr

五 看字写拼音

写_____　学_____　二_____

谢_____　雪_____　儿_____

月_____　也_____

叶_____　爷_____

第八课 韵母（三）

练习一　　★ 练习二　　☆ 练习三

一 写生字

午：ノ ⺅ 㐅 午

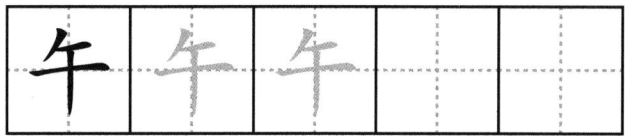

咖：丨 冂 口 叻 叻 叻 咖 咖

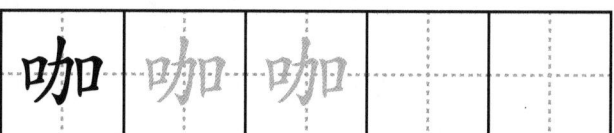

啡：丨 冂 口 叫 吖 吖 啤 啡 啡 啡

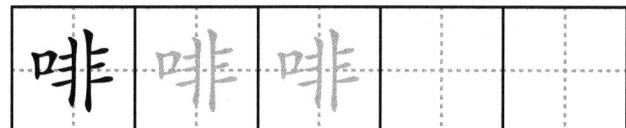

厅：一 厂 厅 厅

二 写生词

| 中 | 午 | 中午 | | 中午 | | 中午 | |
| 咖 | 啡 | 厅 | | | | | |

19

第八课 韵母（三）

练习一　**练习二**　练习三

三　大声朗读三遍

叶	月	耳
yè	yuè	ěr

写	学	二
xiě	xué	èr

谢	雪	儿
xiè	xuě	ér

四　看词语写拼音

学习_____　　耳朵_____　　女儿_____

树叶_____　　二月_____　　儿子_____

作业_____　　爷爷_____　　姐妹_____

五　背本课儿歌（自选一首）

第八课 韵母（三）

练习一　　练习二　　**练习三**

一　抄写课文

　　　中午，我们在咖啡厅休息，眼前是白雪、绿树和快乐滑雪的人们。

二　大声朗读三遍

　　　yē　　yé　　yě　　yè

　　　yuē　　yuě　　yuè

　　　ér　　ěr　　èr

第八课
韵母（三）

练习一　　练习二　　**练习三**

三　看句子写拼音

1. 中午，我们在咖啡厅休息。

_____

_____

2. 我穿着红色的滑雪衣。

_____

_____

四　读两遍课文

第十课 韵母（五）

练习一

一 写拼音

ang　ang ang ang　　chāng　cháng chǎng chàng

eng　　　　　　　　chēng

二 写生字

英：一 ｜ 艹 艹 艹 茁 英 英

| 英 | 英 | 英 | | |

铃：ノ ｜ ｜ ｜ ｜ ｜ 钅 钅 钤 铃 铃

| 铃 | 铃 | 铃 | | |

堂：｜ ｜ ｜ ｜ 丷 ｜ 尚 尚 尚 堂 堂

| 堂 | 堂 | 堂 | | |

仗：ノ イ 仁 什 仗

| 仗 | 仗 | 仗 | | |

三 写生词

英	文	英	文		英	文		英	文
打	铃								
课	堂								

第十课 韵母（五）

练习一　　练习二　　练习三

四　大声朗读三遍

āng　　áng　　ǎng　　àng

ēng　　éng　　ěng　　èng

长　　风
cháng　fēng

五　看字词写拼音

场＿＿＿＿　　　　操场＿＿＿＿＿＿

堂＿＿＿＿　　　　课堂＿＿＿＿＿＿

风＿＿＿＿　　　　大风＿＿＿＿＿＿

灯＿＿＿＿　　　　电灯＿＿＿＿＿＿

六　背本课儿歌（自选一首）

第十课 韵母（五）

练习一　★练习二　练习三

一　写拼音

ing　ing　ing　ing　xīng　xíng　xǐng　xìng

ong　　　　　　hōng

二　写生字

操：一 十 扌 扌 扩 扩 护 护 捛 捛 撐 撐 揬 撐 操 操

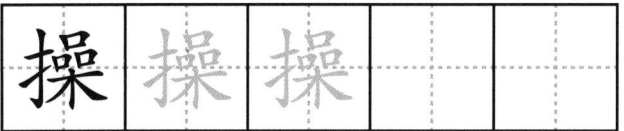

场：一 十 土 圴 圽 场

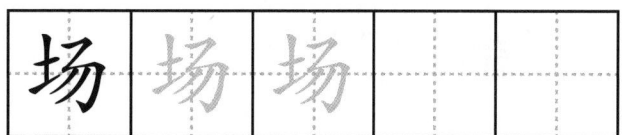

梦：一 十 才 木 村 林 林 梦 梦

海：丶 丶 氵 汒 汇 汇 海 海 海 海

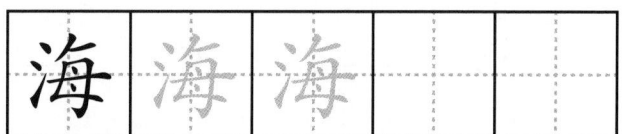

灯：丶 丶 丬 火 灯 灯

三　写生词

操	场	操场	操场	操场
大	海			
电	灯			

第十课 韵母（五）

练习一　练习二　练习三

四　大声朗读三遍

īng　íng　ǐng　ìng

ōng　óng　ǒng　òng

英　红
yīng　hóng

五　看字写拼音

英＿＿＿　晶＿＿＿　清＿＿＿　睛＿＿＿

红＿＿＿　同＿＿＿　龙＿＿＿　中＿＿＿

六　读儿歌《梦》

花的梦是红的，海的梦是蓝的，

小树的梦是绿的，弟弟的梦是甜的。

说一说，花的梦为什么是红的？树的梦为什么是绿的？

提示：a. 红花很美丽

　　　b. 蝴蝶喜欢红花

　　　c. 其他的回答

第十课 韵母（五）

练习一　练习二　练习三

七　画四幅画，并在画下面写一句话

图1：花的梦是红的。　　图2：海的梦是蓝的。

图3：小树的梦是绿的。　图4：弟弟的梦是甜的。

1	2
3	4

第十课 韵母(五)

练习一　练习二　**练习三**

一　看拼音填词语

| 打雪仗　上山　上学　课堂 |

dǎ xuě zhàng _____　　kè táng _____

shàng shān _____　　shàng xué _____

| 星星　眼睛　梦　操场 |

yǎn jing _____　　xīng xing _____

mèng _____　　cāo chǎng _____

二　连线(三连音)

象　　xiàng　　　　床　　xiǎo

双　　huān　　　　船　　chuáng

欢　　shuāng　　　小　　chuán

三　三连音拼写

小____　　欢____　　刷____　　边____

面____　　尖____　　跳____　　叫____

第十课 韵母（五） 练习三

四 看词语写拼音

英文_____ 亮晶晶_____

眼睛_____ 中国_____

红灯_____ 同学_____

五 看句子写拼音

1. 欢迎来我家。

_____

2. 这是我的同学，他叫李华。

_____

_____

第十二课 坐井观天

练习一　　练习二　　练习三

一　写生字

井：一 二 丯 井

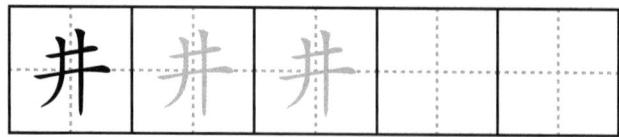

观：フ 又 ツ ХП 观 观

百：一 ア 丆 万 百 百

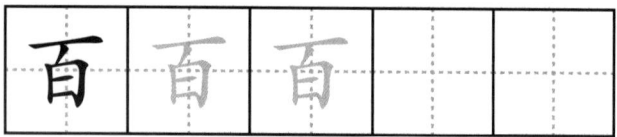

渴：丶 丶 氵 氵 沪 沪 沪 渇 渇 渇 渴

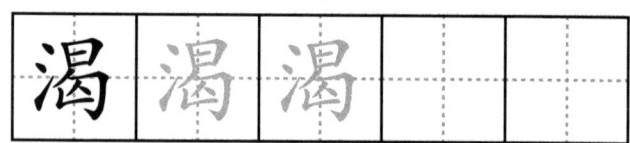

找：一 十 扌 扌 扌 找 找

别：丨 冂 口 号 另 别 别

二　写生词两遍，并在词语上写拼音一遍

zuò jǐng guān tiān

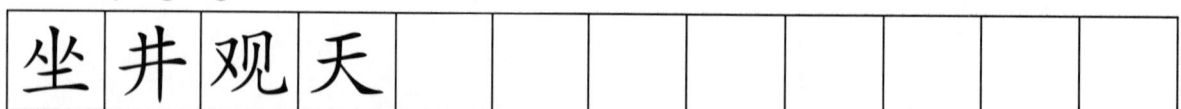

| 口 | 渴 | | | | |

第十二课 坐井观天

★ 练习一   ☆ 练习二   ☆ 练习三

三 连线

1,000　　六十　　　　52　　　　三万

800　　　一千　　　30,000　　　五十二

60　　　 八百　　　4,500　　　四千五百

举例： 百万 十万 万 千 百 十 个
7,654,321

四 抄写课文

　　小鸟说："我从天上来。我飞了一百多里，口渴了，下来找点儿水喝。"

五 读两遍课文前两段

第十二课 坐井观天

练习一　　练习二　　练习三

一　写生字

错：丿 ㇒ ㇒ 钅 钅 钅 钅 错 错 错 错 错

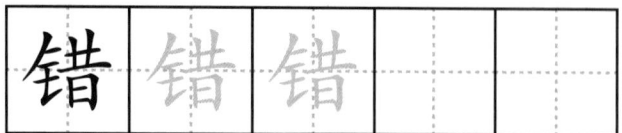

无：一 二 于 无

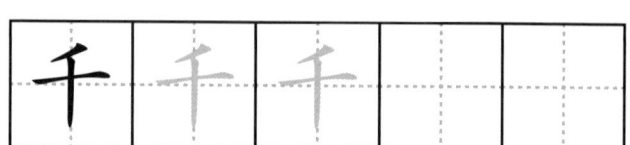

际：阝 阝 阝 阝 阝 际 际

千：一 二 千

万：一 丆 万

抬：一 丁 扌 扌 扌 扌 抬 抬

二　写生词两遍，并在词语上写拼音一遍

错了

无边无际

千万　　　　抬头

第十二课 坐井观天

练习一　**练习二**　练习三

三　组词

井_____　　渴_____　　抬_____

里_____　　百_____　　错_____

四　选词填空

> 哪儿　小鸟　坐在　天上

一只青蛙_____井里，一只_____飞来，落在井边。青蛙问小鸟："你从_____来呀？"小鸟说："我从_____来。"

五　读两遍课文

第十二课 坐井观天　　练习一　　练习二　　练习三

一　在方框中，用彩笔写出下列偏旁部首

　　　　三点水　　　　　　木字旁

二　写出偏旁部首，并写三个带有这个偏旁的字

　　1. 三点水（　　）_____、_____、_____

　　2. 木字旁（　　）_____、_____、_____

三　根据课文判断对错

　　1. 一只小鸟飞来，落在井里。　　　　　　___对___错

　　2. 小鸟说："天无边无际，大得很。"　　___对___错

　　3. 青蛙看到的天，只有井口那么大。　　___对___错

　　4. 青蛙说得对。　　　　　　　　　　　　___对___错

四　聪明的公鸡在路上看见了谁？

　　A. 狗　B. 猪　C. 狐狸　D. 猫　E. 狼

第十四课 小花猫找汗

★ 练习一　　☆ 练习二　　☆ 练习三

一 写生字

汗：丶丶氵汗汗汗
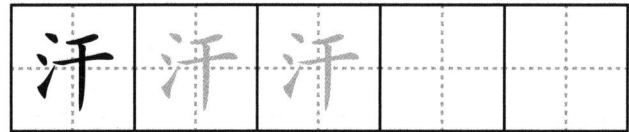

指：一ナ扌扌扫指指指指

体：丿亻𠆢什仕体体
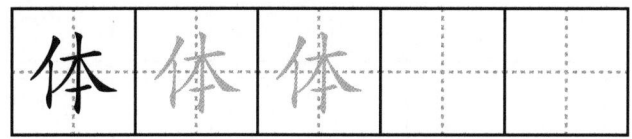

正：一丁下下正正
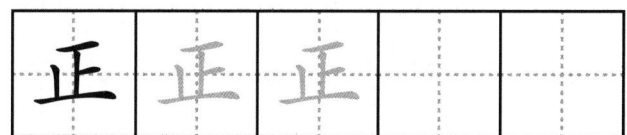

伸：丿亻𠆢亻伂佴伸
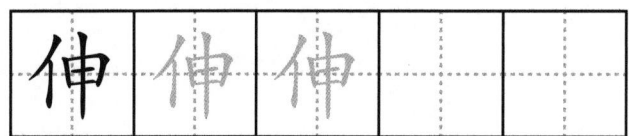

二 写生词两遍，并在词语上写拼音一遍

身	体			

指	着			

正	在			

伸	出			

第十四课 小花猫找汗

练习一

三 抄写课文

　　黄狗正在大树下，伸着舌头。它指指自己的舌头，说："汗么，在舌头上！"

四 造句

　　正在＿＿＿＿＿＿＿＿＿＿＿＿＿＿＿＿＿＿＿＿＿＿＿＿＿

五 猜字谜

　　一边有水，一边干

　　写出这个字 ☐

六 读一遍课文

第十四课 小花猫找汗

练习一　**练习二**　练习三

一　写生字

帮：一 = 三 丰 丰彡 邦 邦 帮 帮

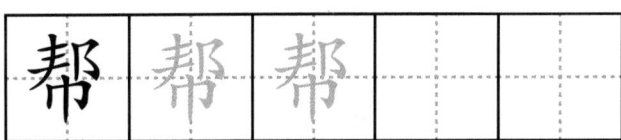

翻：一 ㄣ 㐃 立 平 乎 采 采 采 番 番 番
翻 翻 翻 翻 翻 翻

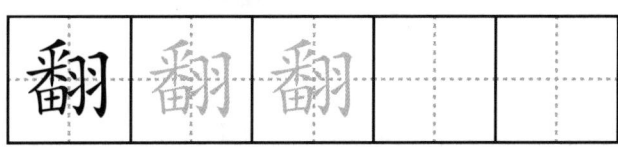

脚：丿 冂 月 月 肝 肚 肚 胠 胠 脚 脚

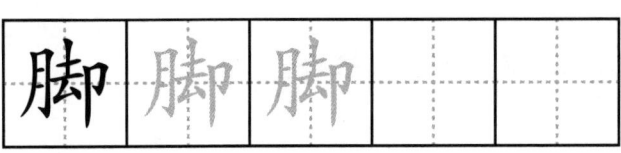

掌：丶 丷 ⺍ ⺌ 肖 告 告 堂 堂 堂 掌

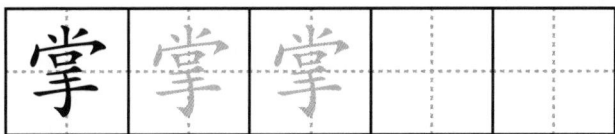

哈：丨 冂 口 叭 吢 吟 哈 哈

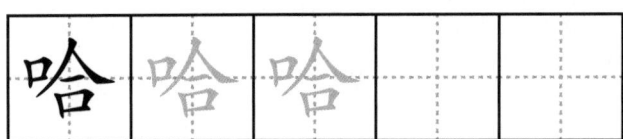

二　写生词两遍，并在词语上写拼音一遍

| 脚 | 掌 | | | | |

| 翻 | 开 | | | | |

三　组词

汗＿＿＿＿　指＿＿＿＿　伸＿＿＿＿　翻＿＿＿＿

正＿＿＿＿　脚＿＿＿＿　帮＿＿＿＿　体＿＿＿＿

第十四课　小花猫找汗

练习一　　练习二　　练习三

一　选词填空

怎么　帮着　正在　伸着

1. 小花猫心想：我_____没有汗呢？

2. 黄狗_____树下，_____舌头。

3. 小花猫请小猪_____看看自己的舌头。

二　根据课文选择答案

1. 老牛的汗在哪里？（　　）

　　A. 在身上　　B. 在舌头上　　C. 在鼻子上

2. 小马的汗在哪里？（　　）

　　A. 在脚上　　B. 在身上　　C. 在头上

3. 小猪的汗和谁的一样？（　　）

　　A. 老牛　　B. 黄狗　　C. 花猫

4. 小花猫的汗在哪里？（　　）

　　A. 在脚掌上　　B. 在鼻子上　　C. 在舌头上

第十四课 小花猫找汗

练习三

三 在方框中，用彩笔写出下列偏旁部首

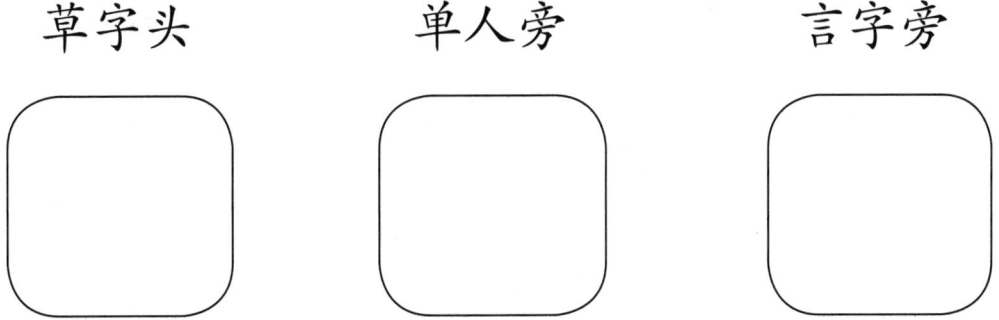

草字头　　　　　单人旁　　　　　言字旁

四 写出偏旁部首，并写三个带有这个偏旁的字

1. 草字头（　　）_____、_____、_____

2. 单人旁（　　）_____、_____、_____

3. 言字旁（　　）_____、_____、_____

五 读一遍课文

六 把"小花猫找汗"的故事讲给家人听

第十六课 岳飞学写字

练习一　　练习二　　练习三

一 写生字

岳：＇ ／ ／ ／ 丘 乒 岳 岳

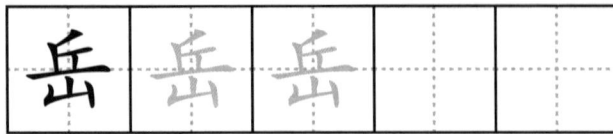

穷：、丶宀宀ㄥㄥ穷

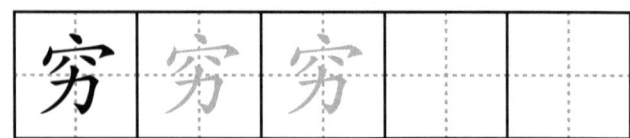

钱：丿 ／ ㄅ ㄣ 钅 钅 钅 钱 钱 钱

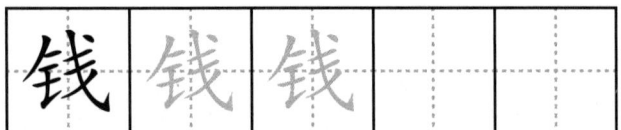

买：一 フ マ 三 买 买

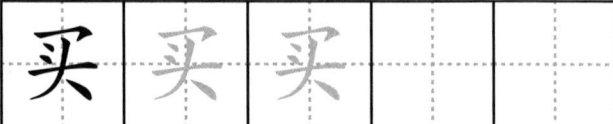

纸：＜ ㄥ 纟 纟 红 纤 纸

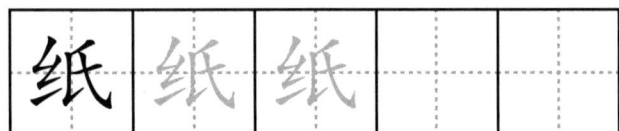

二 写生词两遍，并在词语上写拼音一遍

| 岳 | 飞 | | | | |

| 很 | 穷 | | | | |

| 买 | 东 | 西 | | | |

第十六课
岳飞学写字

练习一　　练习二　　练习三

三 抄写课文

　　岳飞小的时候，家里很穷，他想学写字，可是没有钱买纸和笔。

四 读两遍课文前两段

第十六课 岳飞学写字

练习一　　★ 练习二　　练习三

一 写生字

篮：ノ ト ト ト 竺 竺 竺 竺 竺 竺 竺 笹 笹 笹 篮 篮

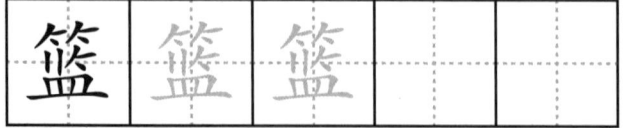

沙：丶 丶 氵 氵 汁 汁 沙 沙

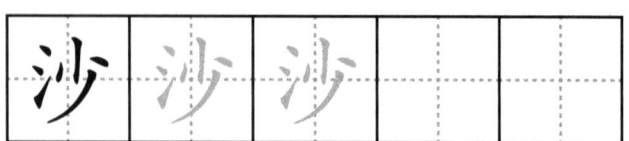

枝：一 十 オ 木 木 朾 朾 枝

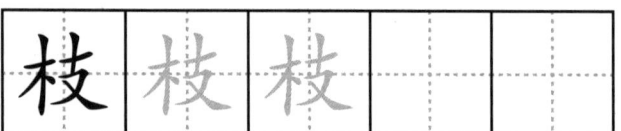

几：ノ 几

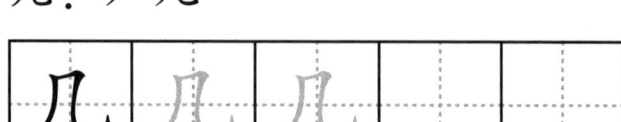

以：丶 丶 以 以

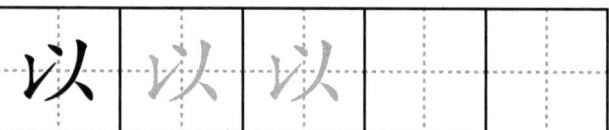

跟：丶 ㄇ 口 ㅁ 甲 甲 甲 趴 趴 趴 趴 跟 跟

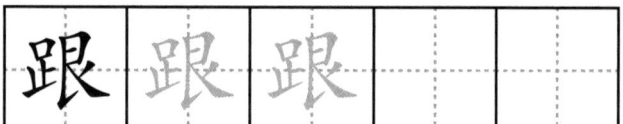

二 写生词两遍，并在词语上写拼音一遍

篮子				

树枝				

跟着				

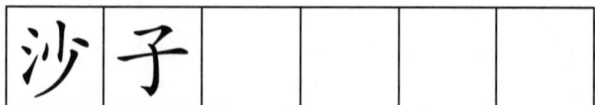

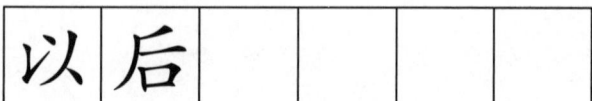

第十六课 岳飞学写字

练习二

三 根据课文选择回答

1. 岳飞学写字的"纸"是什么？（　　）

    A. 石头　　　B. 木头　　　C. 沙子

2. 岳飞学写字的"笔"是什么？（　　）

    A. 竹子　　　B. 树枝　　　C. 篮子

四 造句

例句：1. 岳飞每天都学写字。

      2. 我想买一件花衣服。

1. 每天_____

2. 买_____

五 读两遍课文后两段

第十六课 岳飞学写字

练习一　　练习二　　**练习三**

一　找出方格里的9个词，并写出来

可	穷	跟	着
几	是	树	枝
个	篮	以	买
沙	子	纸	后

1. _____　2. _____　3. _____　4. _____　5. _____

6. _____　7. _____　8. _____　9. _____

二　在方框中，用彩笔写出下列偏旁部首

禾木旁　　　　　　　宝盖头

第十六课 岳飞学写字

练习一　　练习二　　**练习三**

三　写出偏旁部首，并写三个带有这个偏旁的字

1. 禾木旁（　　）_____、_____、_____

2. 宝盖头（　　）_____、_____、_____

四　读一遍课文

五　选做题

听读《大将军岳飞》后选择回答

1. 岳飞跟老师学_____。

　　A. 游泳、跳高　　B. 骑马、射箭　　C. 打篮球

2. 岳飞每天起床的时间是_____。

　　A. 天没亮　　B. 早上八点

3. 岳飞是_____。

　　A. 老师　　B. 工人　　C. 将军

第十八课 狐狸和乌鸦

练习一　　练习二　　练习三

一　写生字

狐：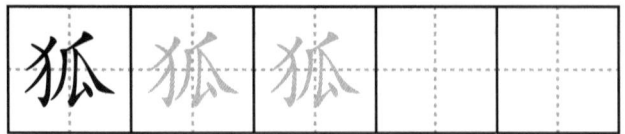

狸：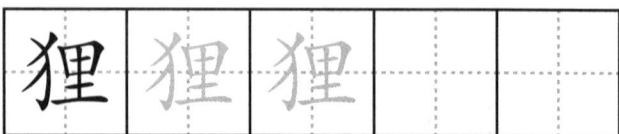

馋：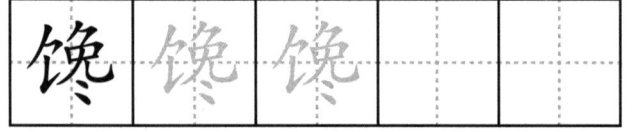

直：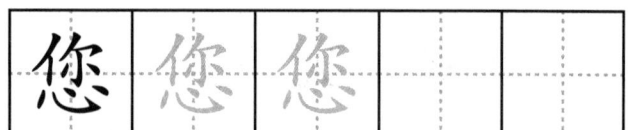

流：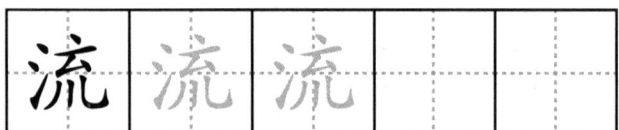

您：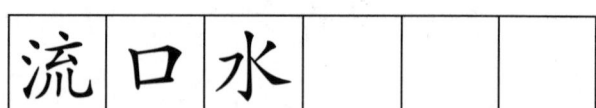

二　写生词两遍，并在词语上写拼音一遍

狐狸

流口水

您好

第十八课 狐狸和乌鸦

练习一

三 选词填空

| 你好　您好 |

1. 小明看见李老师，说："李老师____！"
2. 王华看见同学小红，说："小红____！"

四 选量词填空

| 只　块　个 |

一____小鸟　　一____肉　　一____篮子

一____狐狸　　一____人　　一____骨头

五 读一遍课文

第十八课
狐狸和乌鸦

练习一　★练习二　练习三

一　写生字

亲：`、亠 亠 立 立 辛 辛 亲`

| 亲 | 亲 | 亲 | | | |

羽：`フ ヲ 习 羽 羽 羽`

| 羽 | 羽 | 羽 | | | |

麻：`、亠 广 广 广 庁 庁 庒 麻 麻 麻`

| 麻 | 麻 | 麻 | | | |

雀：`ノ ⺌ ⺌ 少 少 ⺉ 乍 乍 崔 雀 雀`

| 雀 | 雀 | 雀 | | | |

刚：`丨 冂 冈 冈 刚 刚`

| 刚 | 刚 | 刚 | | | |

掉：`一 十 扌 扌' 扌⸍ 扩 护 护 掉 掉`

| 掉 | 掉 | 掉 | | | |

二　写生词两遍，并在词语上写拼音一遍

| 亲 | 爱 | 的 | | | |

| 羽 | 毛 | | | |

| 麻 | 雀 | | | |

| 掉 | 了 | | | |

第十八课 狐狸和乌鸦

练习二

三 根据课文圈出哪句话是狐狸说的

"您好,亲爱的乌鸦!"

"你好,亲爱的乌鸦!"

四 造句

1. 亲爱的_____

2. 您好_____

五 选词填空

亲爱的　可爱的

1. 母亲节我画了张漂亮的画送给_____妈妈。

2. 蝴蝶说,它要去找_____小花。

六 读一遍课文(有语气)

第十八课 狐狸和乌鸦

练习一　练习二　**练习三**

一　根据课文判断对错

1. 乌鸦找到一块肉，站在树下。　　　___对___错

2. 狐狸说乌鸦唱歌不好听。　　　　　___对___错

3. 乌鸦没吃到肉，狐狸吃了。　　　　___对___错

二　在方框中，用彩笔写出下列偏旁部首

竹字头　　　　　　　足字旁

三　写出偏旁部首，并写三个带有这个偏旁的字

1. 竹字头（　　）_____、_____、_____

2. 足字旁（　　）_____、_____、_____

四　把"狐狸和乌鸦"的故事讲给家人听

第十八课 狐狸和乌鸦

练习一　练习二　**练习三**

五　用彩纸做手工

按照下图用彩纸剪出偏旁部首的彩图，贴在白卡纸上

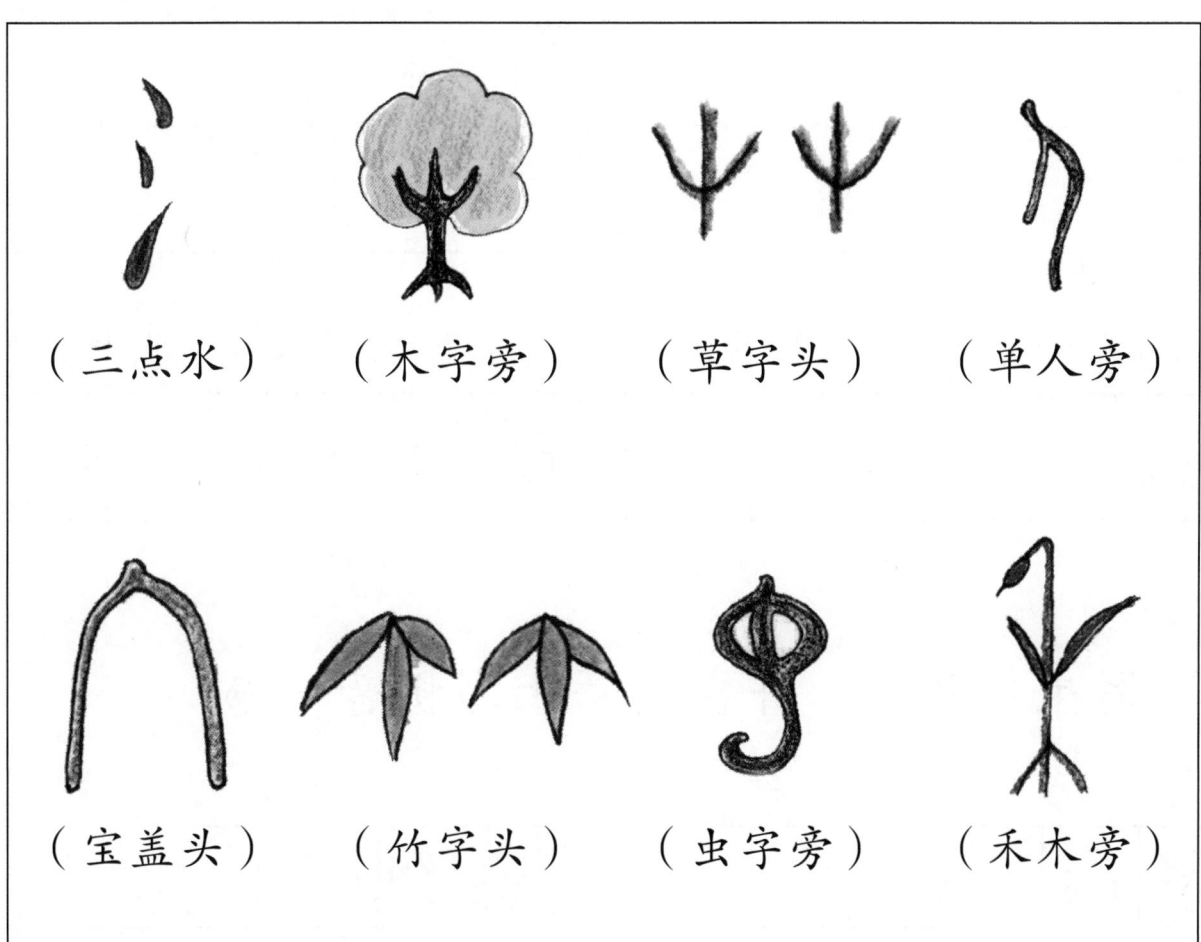

（三点水）　（木字旁）　（草字头）　（单人旁）

（宝盖头）　（竹字头）　（虫字旁）　（禾木旁）

第二十课 爬山

练习一 练习二 练习三

一 写生字

爬：´ 厂 广 爪 爪 爬 爬 爬

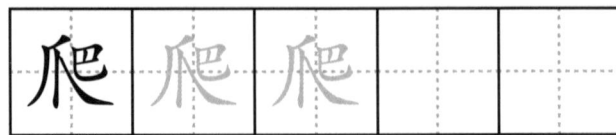

常：丨 丨 丨 ⺌ ⺌ 岀 带 常 常 常 常

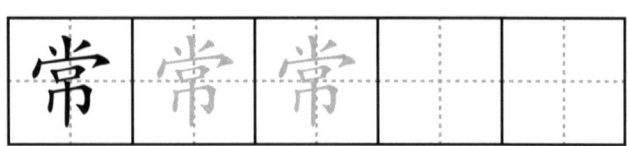

当：丨 丨 丨 ⺌ 当 当 当

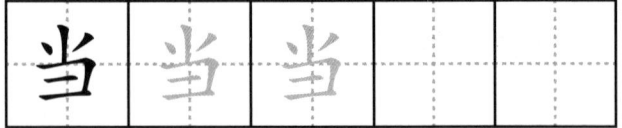

感：一 厂 厂 厂 斤 咸 咸 咸 咸 感 感 感

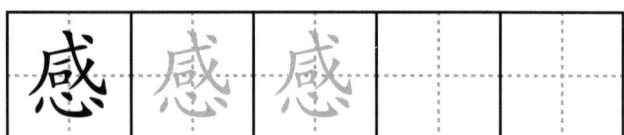

温：丶 丶 氵 氵 氵 沪 沪 汨 温 温 温 温

暖：丨 冂 冂 日 日 日⺀ 日⺀ 旷 旷 旷 暖 暖 暖

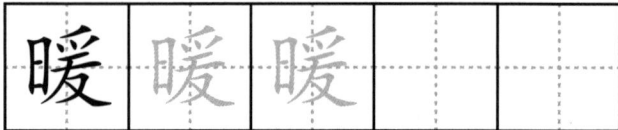

二 写生词两遍，并在词语上写拼音一遍

| 爬 | 山 | | | | |

| 感 | 到 | | | | |

| 温 | 暖 | | | | |

第二十课　爬山　　★ 练习一　　☆ 练习二　　☆ 练习三

三　抄写课文

我们常常在一个地方爬山。当你到那儿的时候，会感到太阳的温暖，会听到鸟儿的叫声。

四　造句

例句：我常常帮妈妈做家事。

常常：＿＿＿＿＿＿＿＿＿＿＿＿＿＿＿＿＿＿＿＿

五　读一遍课文

第二十课 爬山

练习一　　★ 练习二　　☆ 练习三

一 写生字

从：丿 人 从 从

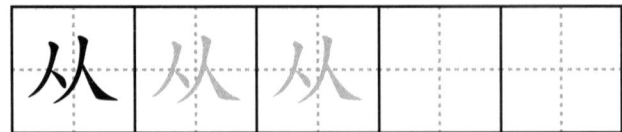

最：丶 冂 曰 旦 旦 尸 昂 昂 昂 最 最

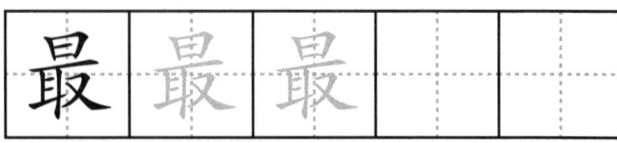

让：丶 讠 让 计 让

动：一 二 云 云 云 动

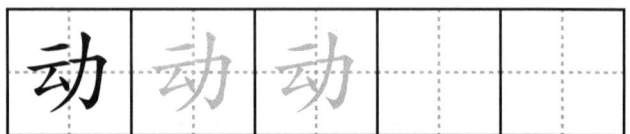

物：丿 ㄏ 丬 牛 牛 物 物 物

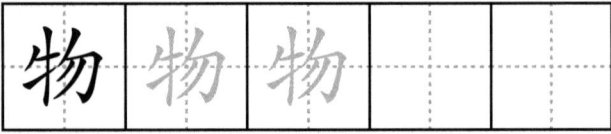

植：一 十 才 木 木 村 村 枯 枯 植 植 植

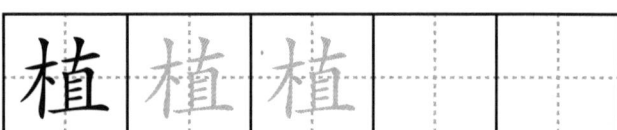

然：丿 ㄅ 夕 夕 夕 夕 外 外 然 然 然 然

二 写生词两遍，并在词语上写拼音一遍

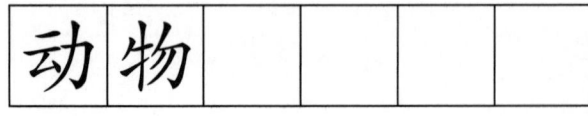

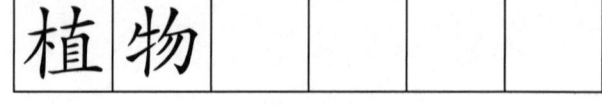

第二十课 爬山

练习二

三 分类

天空　山　狗　猪　海　花　狮子
虫　鱼　草　星星　树　老虎

动物：_____

植物：_____

自然：_____

四 选词填空

常常　喜欢　叫声　温暖　当

我很_____爬山。天气好的时候,妈妈就带我去爬山。我们_____在一个地方爬山。_____你到那儿的时候,会感到太阳的_____,会听到鸟儿的_____。

五 读一遍课文

第二十课
爬山

练习一　　练习二　　★ 练习三

一　根据课文判断对错

1. 下雨的时候，妈妈带我去爬山。　　___对___错

2. 我们在不同的地方爬山。　　___对___错

3. 这地方有一个小农场。　　___对___错

4. 我们在山里走路，看见了黄狗。　　___对___错

二　在方框中，用彩笔写出下列偏旁部首

走之旁　　　　　　火字旁

三　写出偏旁部首，并写三个带有这个偏旁的字

1. 走之旁（　　）_____、_____、_____

2. 火字旁（　　）_____、_____、_____

四　你看见过刚刚生下来的小动物吗？比如小鱼、小兔子、小鸡。如果见过，讲一讲

第二十二课 海马爸爸

练习一　　练习二　　练习三

一 写生字

怪：丿丶忄忄怀怀怪怪

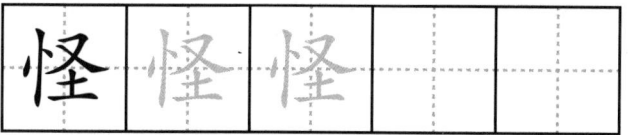

事：一一一一一一一一一一一一一一一一一一事

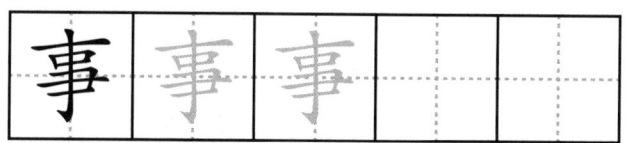

相：一十才木木机相相相

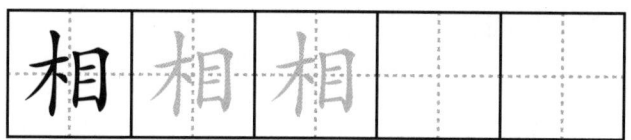

颗：丨口日日旦甲果果果果颗颗颗

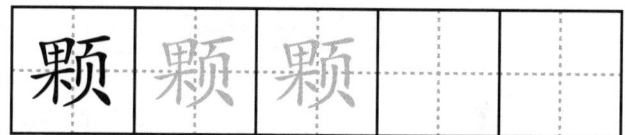

育：丶亠亠去产育育育

二 写生词两遍，并在词语上写拼音一遍

| 怪 | 事 | | | | |

| 相 | 信 | | | | |

| 说 | 道 | | | | |

| 育 | 儿 | 袋 | | | |

第二十二课 海马爸爸

练习一

三 选词填空

> 最快　最大　最多　最后

1. 我有两个弟弟，我_____。

2. 李华游泳好，我们班他游得_____。

3. 小花猪吃得_____，长得最快。

4. 他_____一个离开教室。

四 读两遍课文前两段

第二十二课 海马爸爸

练习二

一 写生字

丈：一ナ丈

夫：一二夫夫

危：ノ ク 产 产 卢 危

险：阝 阝 阝 队 阶 险 险 险

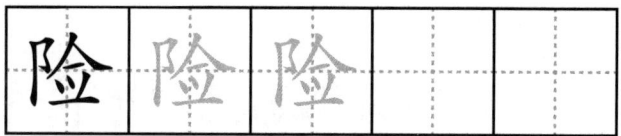

二 写生词两遍，并在词语上写拼音一遍

| 丈 | 夫 | | | | |

| 危 | 险 | | | | |

三 组词

怪＿＿＿　　颗＿＿＿　　事＿＿＿　　相＿＿＿

丈＿＿＿　　育＿＿＿　　危＿＿＿　　最＿＿＿

四 读两遍课文后三段

第二十二课
海马爸爸

练习一　　练习二　　**练习三**

一　选择填空

1. 海马爸爸生孩子，黑鱼妈妈不_____。

（相信　写信）

2. 小海马在爸爸的育儿袋里_____。

（学习　长大）

3. 海马妈妈把卵生在海马爸爸的_____里。

（育儿袋　衣服口袋）

二　造句

例句：鸭妈妈和小鸭子过马路，很危险。

危险 _____

三　读一遍课文（有语气）

第二课　听写

1.	2.	3.	4.
5.	6.	7.	8.
9.	10.	11.	12.

第四课　听写

1.	2.	3.	4.
5.	6.	7.	8.
9.	10.	11.	12.

第八课　听写

1.	2.	3.	4.
5.	6.	7.	8.
9.	10.	11.	12.

第十课　听写

1.	2.	3.	4.
5.	6.	7.	8.
9.	10.	11.	12.

第十二课 听写

1.	2.	3.	4.
5.	6.	7.	8.
9.	10.	11.	12.

第十四课 听写

1.	2.	3.	4.
5.	6.	7.	8.
9.	10.	11.	12.

第十六课 听写

1.	2.	3.	4.
5.	6.	7.	8.
9.	10.	11.	12.

第十八课 听写

1.	2.	3.	4.
5.	6.	7.	8.
9.	10.	11.	12.

第二十课 听写

1.	2.	3.	4.
5.	6.	7.	8.
9.	10.	11.	12.

第二十二课 听写

1.	2.	3.	4.
5.	6.	7.	8.
9.	10.	11.	12.

1.	2.	3.	4.
5.	6.	7.	8.
9.	10.	11.	12.

1.	2.	3.	4.
5.	6.	7.	8.
9.	10.	11.	12.

蜗牛

早上好！蜗牛妈妈和小蜗牛！

蜘蛛

知
朱

蜘蛛会织网,爬下又爬上。

青蛙

圭

蝌蚪妈妈是青蛙。呱——呱——呱！

蝌
蚪

科斗

小蝌蚪长尾巴,游来游去找妈妈。

蚂蚁

马
义

小蚂蚁吃糖糖。

蝴蝶

胡蝶

小毛毛虫变成大蝴蝶。